JN056985

日本企業の海外拠点におけるリスク対策の革新と実践

公認内部監査人（CIA）
社会保険労務士

白石 斉 ［著］

発行 民事法研究会

はしがき

　海外拠点をもつ日本企業の皆さんにとって、2020年以降の経営環境はこれまでにも増して不透明さを増していると感じ、今後の海外拠点の運営の難しさと不安を感じていらっしゃるのではないでしょうか。それは言うまでもなく新型コロナウイルス感染症の世界的流行によりもたらされた環境変化によるものでしょう。

　突然未知のウイルスが出現し、あっという間に世界中に広まったことで、世界は右往左往し、混乱しました。最初の出現当初の段階では、世界各国政府はこぞって国境を越える人々の移動、自国への入国を厳しく規制する動きを見せました。感染症流行の影響の深刻度は国や地域によって大きく異なりましたし、その後、ワクチン接種や治療薬によって終息の兆しは見えつつありますが、変異株の出現などまだまだ予断を許さない状況です。感染流行以前のように、世界中でヒトの往来が復活するまでには、まだしばらく時間がかかりそうです。新型コロナウイルス感染症の流行は、一時期の世界中の企業のグローバル戦略にみられた猫も杓子も「攻め」一辺倒、「グローバル化推進」一本槍の傾向に冷水を浴びせかけ、グローバル化の行きすぎに強くブレーキをかけたことは間違いありません。これから先、新型コロナウイルス感染症の流行が終息に向かっていく過程で、海外拠点を構えてグローバル戦略を唱えてきた日本企業は、好むと好まざるとにかかわらず、国境を越える人々の移動の規制が軽減されていくにつれて、流行前の状態に回帰していくのか、それとも新たなグローバル経営の形へと変化していくことになるのか、というジレンマに悩む場面が増えることと思います。

　ここで1つ言えることは、新型コロナウイルス感染症の流行が終息に向かっていくこれからの世界で、日本企業が海外拠点を構えて、

1

経営を行っていく場合、さまざまなリスクを想定した対策の必要性がこれまでも主張されてきましたが、これまで以上に海外拠点ごとの千差万別なリスクについて深く考え、十分な対策、一方で無駄や重複の少ない運用を心がけるべきだ、ということです。それはすなわち「グローバル vs ローカル」「中央集権 vs 地域分権」「一体感 vs 多様性」とさまざまに言い換えることができますが、要するに問題としてはリスク対策を本社主導で世界一体で考えていくのか、それとも地域や国の単位で拠点それぞれに独立独歩で考えさせるのかというどちらのスタンスに立つか、という点に集約されます。当然ながら100か0かという二者択一ではないですし、それぞれ一長一短があることは容易に想像がつきます。両極端ではなく中間、さらにはケース・バイ・ケースで両者を使い分けるという方策もとりうると思います。

　本書では海外拠点が避けることのできないリスク対策の事例として「コンプライアンス」「事業継続計画（BCP）」の2つをテーマとして取り上げ、ジレンマを乗り超えて、これらへの対策についてどう対処すべきか、という問いに対し、革新的な答えを出す手がかりとして私の考えた〔2－3－4メソッド〕を新たに提示し、その新しさについて解説していこうと思います。

　中身は本書で詳しく説明するとして、ここでは本書執筆までのいきさつを紹介します。私は過去12年間にわたって、企業で内部監査の仕事をしてきました。その間、勤務先企業の世界30か国にある海外進出拠点を1年に5、6拠点ずつ訪問してきました（最後の海外拠点訪問は2020年2月でそれ以降、訪問できていませんが）。その間、各国ごとに異なる法律や各種規制をあらかじめ調べ上げ、それぞれ数日にわたって、海外拠点で直面するリスクに対処しながら経営に携わっている経営者、企業法務の仕事に携わっている現地の従業員

と対話し、意見を闘わせ、現場の状況を見てきました。この経験を通じて、複数国にまたがる多数拠点をもつ企業グループ内において効率的・効果的にリスク予防策を行うメソッドを思いつきました。突然ひらめいたわけではなく、経験を積み重ねていく過程で、こうやればより効率的だ、より効果があがる、という小さな発見を積み重ねて「こうやればうまくいくはず」というメソッドにまとめ上げたものです。そしてこれを〔2－3－4メソッド〕と名づけました。このいきさつからもわかるように、元はといえばこの〔2－3－4メソッド〕は海外拠点の所在国ごとに異なる法律や規制といった規範／ルールに対応して、企業グループ全体でコンプライアンス対策を展開するための革新的な方策として考えついたものです。しかし今回の新型コロナウイルス感染症の流行によって、世界中の企業が想定外の災厄に負けないレジリエンスの必要性を痛感した中で、注目を浴びたBCPを企業グループ全体で策定する過程においても、このメソッドが適用できることに気づいたのです。

　海外勤務の経験が豊富で、特定の国や特定分野の法律を、あるいは特定の地域での災害対策をよくご存じの海外の専門家、国際的な裁判や法律問題に携わった経験が豊富で世界各国の法律に精通している弁護士、BCPや防災対策に精通している災害対策の専門家では、おそらく私のメソッドは思いつかないだろうと思います。弁護士・研究者・専門家ではお目にかかる機会の少ないかもしれない海外拠点の最前線で法規制やコンプライアンス、そしてBCPや防災対策に平素からかかわってきた人々の悩みや苦労に親身になって向き合い、何年かに1回、海外拠点を繰り返し訪問し、その変化や進歩の様子を追いかけ続けてきた、という私自身の特殊な経験が幸いしています。

　おそらく本書を手に取られた読者の皆さんの中には、海外拠点を

もつ企業が現地の法規制によってコンプライアンス面で抜き差しならぬ状態に陥る不安、今後いつ再び襲ってくるかもわからない次の感染症や天災地変、自然災害をはじめとするさまざまなリスクに対して、それらを乗り越えて事業を継続できるだけの備えは十分なのだろうか、という不安を感じながら、その一方で、コンプライアンス予防やBCPによるリスクへの備えにどこまでコストや時間をかけることが望まれているのだろうか、どうすることがベストプラクティスなのか、というもう1つ別のジレンマを感じられている方々が少なからずいらっしゃるのではないでしょうか。そしてその不安に拍車をかける形になったのが、まさに新型コロナウイルス感染症の流行という世紀の大災厄であったというわけです。

　本書に繰り返し出てくる言葉のうち「有効な」（Effective）という概念はまだしも、「効率的な」（Efficient）などという言葉はコンプライアンス、あるいはBCPに関してこれまであまり正面切って論じられず、ある意味でタブー視されてきたことかもしれません。しかし有効性と効率性の両方を同時に追求することが、今ほど強く求められている時代はない、と私は感じています。本書が海外拠点をもつ企業のこれからの方向性に不安を感じていらっしゃる方たちにとって少しでもヒントになることができれば望外の喜びです。

2022年1月

白 石　　斉

『日本企業の海外拠点におけるリスク対策の革新と実践』

◎目　　次◎

第2部　コンプライアンス体制の構築と実践

第1章　コンプライアンス体制の構築にあたって／24

第2章　コンプライアンス活動の方式／27

第3章　3階建て規範／ルール方式による
　　　　コンプライアンス活動／58

第４章　４ステップで進めるコンプライアンス活動／94

第3部　BCP の策定と実践

第1章　BCP の策定にあたって／130

第2章　従来方式の BCP とこれから／132

第4部　〔2－3－4メソッド〕の可能性と限界を知る

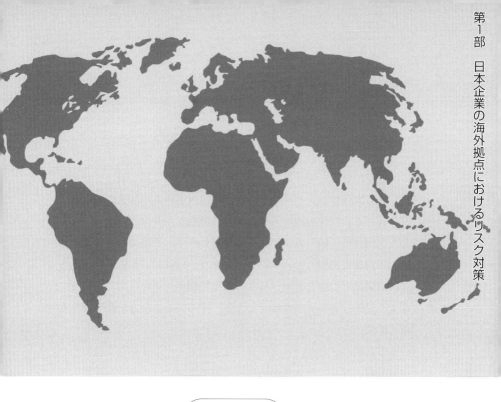

第１部

日本企業の海外拠点における
リスク対策

I　海外進出の目的

　21世紀の日本企業を取り巻く環境は、大きく変化し続けていますが、最も大きなインパクトのある変化は日本の人口減少でしょう。どの分野も、今後の国内消費は先細りの兆しが見えています。

　人口減少は、働く人手不足をもたらします。日本国内だけでは労働力の確保も困難になっていくでしょう。以前だったら男性ばかりだった職業への女性進出、高齢の方や外国から来た方たちが働くのをよく見かけるようになりましたし、障がいをもつ方が働く職場も増えています。

　企業活動のグローバル化も目に見えて進んできました。海外からの観光客の増加、日本人の消費の頭打ちをカバーするインバウンド消費の増大などは、日本企業にとって大きなビジネスチャンスをもたらしています。一方で、海外から競合企業が続々と日本市場を狙って進出してくるのは脅威に違いありません。

　人手不足の問題についても、外国から来た労働者を雇う企業が増えてきました。このような大きな流れの中で、日本企業が海外へ進出することは、将来に向けた布石として意欲的な「攻め」の経営戦略としては選択肢の１つであることは間違いありません。

　海外での事業展開を検討することは、

① 　進出先の国に競合会社がいない、またはいても少ないか、競争に勝てる
② 　人材確保が日本よりも容易になる

という可能性があります。

　そのほかにも、材料費など調達・生産コストの削減、税率の低さがメリットとしてあげられます。また、海外進出により新たな商品

開発や物流・貿易ノウハウを得て、国内での業績向上に役立てている企業もあるでしょう。

　一方、海外進出には事前調査と多くの準備が必要です。まずは海外進出の目的を明確にしたうえで、具体的な目標や進出のために必要な調査項目、準備活動を検討していくべきです。

　多国籍グローバル企業についても、これまで述べてきたような海外進出の狙いが海外市場での売上拡大、また人材確保や調達・生産コストの削減、税率の低さ等にあることは本質において変わりません。ただこれまで行ってきた海外進出の経験と知見を活かして、事前調査や準備を適切に、あるいは効率的に行う体制を備えている点においては、多国籍グローバル企業には一日の長があるといえます。

　ここまで述べたことは2020年までについてならば、内容に大きな異論のある方は少ないと思いますが、問題は新型コロナウイルス感染症のパンデミックが、世界のグローバル経済に対する意識を一変させてしまったことです。しかし、私はそれによって、単に売上げ拡大、低コスト化のようなやや短絡的・近視眼的な海外進出から、もう少し地に足のついた中長期戦略の視点に立って、成熟化する日本市場の次に向かう先の方向を従来以上の先見性と洞察力を発揮していく新たな製品開発や新たな販路や販売手法の開拓などを目的とする海外進出へと淘汰され、より高度化された機能を企業グループ全体に対して発揮するよう期待される方向へとシフトされていくのではないか、と予想しています。

　リスク対策との関係でいえば、過去にも新型インフルエンザ、SARS、MARSなどにより全く経験のないわけではなかった感染症のリスクが大きく注目されることになったわけですが、単純に新型コロナウイルス対策で得た経験・知見をBCPに追加するだけでは、次の別種の感染症流行リスクにも役立つ可能性はさほど高くはない

だろうと想像します。BCP の本来の存在意義、策定の目的を考え
ると、多種多様なリスクに対して万能の BCP などもともと存在す
るわけがなく、一方でリスクの種類の数だけ BCP を用意したとこ
ろで、その維持に係るコスト（手間・時間など）を勘案すると立派
な資料ばかり揃えてもいざリスクが顕在化したときに、BCP があ
ってよかった、役立ったと思えるようなすぐれモノの BCP、とい
うのは決して簡単にできるものではないのではないかと想像します。
狙うべきは「100点満点の完璧な BCP」ではなく、現実化したリス
クに応じて、用意していた BCP のうち、適用できる部分、適用で
きない部分が切り分けられるモジュール的な構成をとることで、ピ
タリとあてはまらなくとも、まあまあ使える部分の多い60点、だけ
どリスクが少々異なっても使える部分の多い、流用度の高い「スケ
ーラブルな BCP」だと考えます。

　本書で提案する〔2－3－4メソッド〕のイメージがこれで、リ
スク対策の高度化の1つの方向性といってよいのではないでしょう
か。具体的には、第3部（BCP の策定と実践）で述べたいと思いま
す。

4

Ⅱ　海外進出の形態

　初めて海外進出する企業から多国籍グローバル企業まで、海外での企業活動の形態はさまざまでしょう。進出先国によって会社法、法人税法などの規制が少しずつ異なることもあります。しかし、海外進出を始めたばかりの企業であっても、多国籍グローバル企業であっても、海外への進出形態としては、大きく分けて、以下の４種類の方法が基本となります。すでに海外進出を行った企業にとってはいまさら、という感じを受けるかもしれませんが、この形態次第では、リスク対策をどこまでのコストをかけて行うか、という対策活動水準の意思決定に与える影響がありますので、ここで今一度整理してみたいと思います。

① 駐在員事務所方式
② 海外支店方式
③ 海外現地法人方式
④ 海外現地パートナー方式

　この形態のどれを選択するかは、第２部のテーマである海外進出企業におけるコンプライアンス対策に大きく影響しますので、順を追って説明します。

1　駐在員事務所方式──情報収集・連絡はできるが、事業活動はできない

　駐在員事務所とは、海外進出する際に海外でテナントを借りたり、または海外へ派遣した人の住居を一部オフィスとして、スタッフを駐在させておく事務所です。イメージとしては、海外へ進出する際の事前リサーチのための「仮オフィス」です。そのため、まだ売上

なども計上することができません。そして、その駐在員事務所に勤務する人は、その事務所を拠点として、リサーチ業務（海外企業・事業の M&A や投資前マーケット調査、分析業務等）や連絡業務（日本法人から来訪した方の現地でのアテンドなど）、その国の情報収集を行います。そのため駐在員事務所では、基本的に売上は発生しない（収益事業は行い得ない）ことになります。駐在員事務所で生じた経費はすべて日本の法人で負担し、税務申告することになります。

2　海外支店方式──事業活動はできるが、多角化は制限される

　海外支店とは、日本に設けている東京支店、中部支店、関西支店、九州支店というようなイメージといっしょで、それが海外にあるだけです。このような海外支店は、駐在員事務所と異なり、収益を上げる事業活動ができます。ただし、国によっては支店の設置そのものが認められていない場合もありますので、現地法に照らして、この方式を採用できるかどうかが決まります。日本の本社と海外支店は同一法人ですので、海外支店は日本の会社という扱いです。そのため定款や社内規定は本社のものを使えます。煩雑な事務作業が少なく、支店立ち上げ時の負担を減らすことができますが、その一方で、本社の定款にない事業の多角化には、制限がかけられる可能性があります。

　経費は、日本法人で申告する日本の法人税では「全世界課税が基本」であるため、海外支店で稼いだ利益であっても日本で申告する必要があります。ところが、支店が海外にあり、そこで売上が上がることに対して現地国での税務申告も必要となり、課税がなされます。この二重課税を回避するために一定額控除の外国税額控除という制度が設けられています。なお、海外支店支社立ち上げ当初に海

外支店で赤字が続いた場合、本社の利益によって損益を相殺できる（損益通算する）制度があります。本社から支店への資金面も、関係会社同士での取引とすることなく、社内取引として行えますので、会計処理の負担が軽減できます。

3　海外現地法人方式──設立に手間がかかるが、自由な事業活動が可能となる

　日本の会社とは別の、独立した海外現地法人として、現地に子会社を立ち上げる方法です。国によって、外資の出資比率に制限のある場合、制限業種のある場合があります。現地法人の所得は、現地の税率で現地に申告・納税します。原則として、現地法人の所得を日本で申告する義務はありません。そのため、アジア諸国など、税率の安い海外への進出の場合には、恩恵を受けることができます。現地法人として登記することで、必要な許認可を得やすくなるメリットもあります。手間のかかる分、設立後、自由な経営展開が可能です。現地法人であれば、現地の労働法にのっとり、独自の賃金体系を構築することができます。日本に工場を設けて、日本の賃金水準で雇用するよりも大幅なコスト削減につながる可能性があります。設立時には現地法人としての定款が必要で、税務などの会計処理、採用などの労務管理、登記手続などにおいて新たに資料を作成する必要があります。海外支店方式と比べると、手続や事務作業は多くなります。ただし、世界的に見ると、登記手続を簡素にして外資系企業を誘致しようとしている国は増えていますので、事務作業の繁雑さは進出しようとする国によっても異なってくると思われます。ただし、海外現地法人と日本法人間で資金の移動は自由に行えません。

4　海外現地パートナー方式──リスクを分散することは可能だが、自社の意思や判断が反映されにくい

　単独出資ではなく、海外現地企業とパートナーを組む契約を結んで事業展開する方法です。現地企業と合弁会社を設立する形態や、現地企業と業務提携をして販売・生産などを委託する形態等があります。信頼できるよいパートナーを見つけることが成功のために最も重要な鍵です。合弁会社の設立については、現地パートナーと共同出資での現地法人設立ですので、単独で出資する場合よりも投資・運営コストを現地パートナーと案分しながら、相応の利益配当を受けることも期待できます。失敗に対するリスクも、自社のみで立ち上げるよりも分散できるでしょう。現地パートナーとの契約次第では、現地パートナー企業が現地で構築した販売チャネル、取得した許認可、免許、既存設備等も活かせます。一方、自社の意思や判断が合弁会社に反映されにくい、パートナーの経営能力に業績が左右される、技術やノウハウが流出するリスクなどのデメリットもあります。

Ⅲ　海外拠点を取り巻くリスク

　企業の海外拠点を取り巻くリスクを広く、①災害・事故リスク、②経営上のリスク、③政治・経済・社会リスクに分類し、リストアップすると〔表1〕のように整理できると考えられます。

〔表1〕　海外拠点を取り巻くリスク

(1)　災害・事故リスク	
台風・高潮	感染症流行
水災・洪水	設備事故
竜巻・風災	労災事故
地震・津波・噴火	運搬中の事故
落雷	盗難
豪雪	有害物質・危険物質の漏洩・バイオハザード
天候不良・異常気象	ネットワークシステム（通信を含む）の故障
火災・爆発	コンピュータウイルスの感染
停電	コンピュータシステムの故障
交通事故	サイバーテロ・ハッキングによるデータ改竄・搾取・漏洩　※広域
航空機・列車・船舶事故	コンピュータ・データの消滅・逸失・破損
(2)　経営上のリスク	
知的財産権に関する紛争	監督官庁等に対する虚偽報告
環境規制強化	顧客からの賠償請求

9

環境賠償責任・環境規制違反	従業員からの賠償請求
環境汚染・油濁事故	株主代表訴訟
廃棄物処理・リサイクルにおける違反	デリバティブの失敗
製造物責任（PL）	与信管理の失敗・取引先（顧客）の倒産
リコール・欠陥製品	格付けの下落
差別（国籍・宗教・年齢・性）	株価の急激な変動
ハラスメント	新規事業・設備投資の失敗
労働争議・ストライキ	企業買収・合併・吸収の失敗
役員・社員による不正・不法行為	宣伝・広告の失敗
役員のスキャンダル	顧客のグローバル化への対応の失敗
社内不正（横領・贈賄・収賄）	過剰接待
集団離職	顧客対応の失敗
従業員の過労死・過労による自殺	製品開発の失敗
外国人不法就労	社内機密情報の漏洩
海外従業員の雇用調整	顧客・取引先情報の漏洩
海外駐在員・海外出張者の事故	取引先（顧客）の被災・事故
出張者の安全対策の失敗	納入業者・下請業者・設備業者の被災・事故・倒産
不正な利益供与	取引金融機関の被災・事故・倒産
独占禁止法違反・カルテル・談合	安全保障輸出管理違反
契約紛争	経営層の執務不能
インサイダー取引	グループ会社の不祥事
プライバシー侵害	乱脈経営

10

粉飾決算	地域社会との関係悪化
巨額の税申告漏れ	マスコミ対応の失敗
(3)　政治・経済・社会リスク	
法律・制度の急激な変化	市場ニーズの変化　※広域
国際社会の圧力（外圧）	テロ・破壊活動・襲撃・占拠
貿易制限・通商問題　※広域	インターネットにおける批判・中傷
戦争・内乱・クーデター　※広域	マスコミによる批判・中傷
景気変動・経済危機	ボイコット・不買運動
為替・金利変動	暴力団・総会屋等による脅迫
原料・資材の高騰　※広域	風評被害　※広域

出典：深津嘉成「最近の企業危機事例に学ぶ――企業に求められる危機管理」地銀協月報521号（2003年）2頁を一部加工

　まだまだあるでしょうが、ただリスクを網羅して漏れなくリストアップしたとしても、リスク対策が万全になるというわけではありません。一口に海外拠点といってもリスクの種類によって、進出先の国ごとにリスクの状況が異なるからです。〔表2〕の国内上場企業を対象とした調査結果によると、海外拠点・子会社が2015年・2016年に直面した危機の種類は対象地域によって、はっきりと傾向が異なることが読み取れます。

　この進出先地域の傾向を認識しないままで、あれも心配、これも心配といっていても何から手を付けてよいかわからず、埒があきません。リスクによっては、もっとはっきりとその高低がランキング付けされているものもあります。たとえば、国際NGOであるトランスペアレンシー・インターナショナル（国際透明性機構）は、国別贈賄リスクの高低を国別に指標化したCPI（Corruption Percep-

〔表2〕　海外拠点・子会社が経験したクライシスの分類と発生地域

クライシスの分類	経験社数	経験件数	東アジア	東南アジア	その他アジア	オセアニア	北米	中南米	ヨーロッパ	アフリカ
①経済環境関連	29社	66件	51.7%	48.3%	17.2%	13.8%	37.9%	17.2%	37.9%	3.4%
②自然災害・紛争・テロ関連	43社	79件	32.6%	62.8%	20.9%	9.3%	16.3%	9.3%	27.9%	4.7%
③法律・規制関連	17社	26件	29.4%	47.1%	5.9%	11.8%	23.5%	11.8%	23.5%	0.0%
④不正関連	14社	26件	64.3%	57.1%	14.3%	7.1%	21.4%	7.1%	14.3%	0.0%
⑤製品/サービスおよびオペレーション関連	30社	44件	40.0%	46.7%	6.7%	3.3%	33.3%	3.3%	13.3%	0.0%
⑥レピュテーション関連	4社	6件	25.0%	25.0%	0.0%	0.0%	75.0%	0.0%	25.0%	0.0%
⑦システム関連	12社	15件	25.0%	50.0%	0.0%	0.0%	16.7%	0.0%	25.0%	8.3%
⑧人材・労務関連	27社	40件	44.4%	44.4%	7.4%	3.7%	29.6%	3.7%	14.8%	0.0%
⑨ガバナンス関連	9社	13件	33.3%	33.3%	11.1%	0.0%	11.1%	11.1%	44.4%	0.0%

▨ 今回の調査で第1位となった地域

出典：デロイトトーマツ企業リスク研究所「企業のリスク・クライシスマネジメンと実態調査2016年版」

tions Index：腐敗認識指数）を毎年公開しており、これは各国公的部門の腐敗の認識を指標化したものです。海外拠点における贈収賄リスクの程度をある程度指標化できており、警戒の度合いを決めるうえでの参考になると思われます。

Ⅳ　リスク対策の視点

1　リスク対策の種類

　一般的にリスク対策には、①回避、②転嫁、③低減、④受容の4種類があるといわれており、順に説明します。

① 　回避　　リスクの原因そのものを除去することで本質的にリスクを一掃してしまうこと

② 　転嫁　　リスクが顕在化しても、その影響を他に転嫁してしまうこと（典型例は保険）

③ 　低減　　リスクの顕在化する確率（頻度）を下げる対策をとるか、あるいは、リスクが現実化しても受ける影響を抑えること

④ 　受容　　リスクの顕在化する頻度が低い、もたらす影響が軽微であるなど費用対効果を勘案するととるべきよい対策がない場合、リスクが顕在化してから対策を考えること

　当然のことですが、リスク対策は四者択一ではありません。一例をあげると、製造業で労働災害のリスクを「回避」するには操業を全面停止するしかないので、①は不可能です。よって、受容可能なレベルまで労働災害リスクを「低減」したうえで、残余のリスクについては「受容」しつつ操業せざるをえないという③④の組合せを選択するということになります。

　また、リスクの中にはその性格上、その国に所在する限り、回避が困難なもの（例：自然災害、政情不安リスク）、十分な水準の転嫁が不可能なもの（例：保険の免責事項に該当するリスク事項）など避けて通れない制限があるものがあります。そのような制限を乗り超

えて、リスクを強引に回避あるいは転嫁しようとすると途方もない
費用、時間、手間を要したり、事業上の機会損失を伴う可能性があ
ります。

2　コンプライアンス体制の構築によるリスク対策——ある程度は予防可能なリスク

リスク管理の観点でいうと、ある程度は予防が可能で、あらかじ
め警戒して、回避に向けた予防活動をすべきリスクの代表は、進出
先国・地域の法令違反、コンプライアンスリスクです。

しかし、法令遵守については「法律を守るべし」と言うのはたや
すいですが、こと海外進出先拠点を含めたグローバルでのコンプラ
イアンスリスク対策となると、話はそう単純に済むことではありま
せん。

たとえば、腐敗認識指数について触れた海外での贈賄リスク一つ
を取り上げてみても、

① 　腐敗認識指数において、「危険国」に設けている拠点では、
　　贈収賄リスクにどうやって対処したらよいのか

② 　「安全国」「危険国」両方に販売拠点をもっている場合、贈収
　　賄リスク低減策を、どちらか一方に合わせるのがよいのか、両
　　者それぞれに違うことをやらせるのがよいのか、また日本国内
　　拠点と整合をとる必要があるのか

③ 　そもそも日本とは法律や商慣習が異なる国の拠点で、贈収賄
　　に限らずリスク対策はどこまでを現地拠点に任せ、どこまでを
　　日本側（本社）で統括して実行すべきなのか

などが考えられます。

まだほかにも心配の種は尽きませんが、海外に進出した途端に直
面するこれらの問いかけに対する答え、誰が何をどうすればよいの

かについて実務に役立つ指針を提示すること、これが第2部（コンプライアンス体制の構築と実践）の主要テーマです。

3　BCP の策定によるリスク対策──完全予防は困難なリスク

　一方で、完全に予防することが困難なリスク、たとえば、自然災害（熱波、寒波、風水害、地震）、社会リスク（政治、治安、環境汚染）、疾病リスク（伝染病など）があります。これらはリスク発生を想定して平時からあらかじめ BCP（Business Continuity Plan：事業継続計画）を準備しておき、もしもリスクが現実のもののなった場合には、BCP を思い出し、それに従って対策するしかありません。

　たとえば、BCP を準備するといっても、

　①　策定するのは、海外進出企業の場合、本社が主体的に行うのか、それぞれの海外拠点に行わせるのかの判断が難しい

　②　リスクが現実のものとなった場合の影響度は、ある程度想定できるが、現実のものとなる可能性の高さは予測が難しい

　③　決して可能性が高くないリスクも多い中で、どこまで備えておくべきかの基準が難しい

などの問題があります。

　海外拠点が実際に直面したときに頼りになるのが後にも先にも自分たちだけなのか、それとも本社が頼りになる指針を示して、自らに降り注いだ災害であるかのように親身になって事業復旧を支援してくれるのかによって、海外進出先の本社に対する信頼は大きく変わります。海外進出企業の BCP は、それらしい形を整えさえすればそれで終わりではありません。たとえ災害は起こらなくとも、時折引っ張り出して、いざという時に使えそうかどうかを実地で点検し、必要なバージョンアップを行って、内容が賞味期限切れになら

ないよう維持する必要があります。これら一連の作業をどう運用し
ていけばよいのかについて、実務に役立つ〔2－3－4メソッド〕
の手引を提示すること、これが第3部（BCPの策定と実践）の主要
テーマです。

V　リスク対策とコストパフォーマンス

　本書は、海外進出企業のリスク対策を取り上げていますが、企業の経営にとってリスク対策が重要であることは当然としても、その達成のために要するコストについてはどう考えるべきでしょうか。私の考えは、リスク対策を「聖域扱い」せず、コストパフォーマンスの視点に立った経営判断が加えられてしかるべし、というものです。

1　リスク対策にかかるコスト

　リスク対策にかかるコストとは何を指すのでしょうか。最も単純化すれば、コンプライアンス担当部門（「法務部」「コンプライアンス部」などの名称の部門が多い）で発生する費用、ということになります。「予防活動」に限定するなら、訴訟担当部門や契約担当部門など、リスク対策に隣接するが直接関係しない部門で発生する費用を除外してもよいでしょう。ただ注意すべきなのは、「法務部」、「コンプライアンス部」などの名称の部門以外で発生する費用があり、それらはそれぞれの部門での管理コストの中に埋没してしまい、定量化して把握することが容易ではない、ということです。

　コストを定量化して把握できないことには、その削減や効率化はなかなか進みません。企業の行っている事業内容、進出地域や市場によってもコストの適正水準は変わってくることがあります。

　たとえば、その企業の行っている事業内容、進出地域や市場において、

①　法律や条例、市場や顧客の求める規制が多いか少ないか

②　事業内容や市場や・顧客に公共性が高いか低いか

17

③　製品やサービスの内容が人の生命・健康・財産に関係するか
　　しないか

などの要素において、規制が多く、公共性が高く、生命・健康・財産に関係する場合には、その対策に要する適正コストの要求水準が高くなる傾向にあるのではないかと考えますが、これも定性的な感覚としては理解できても、定量化は簡単にできないところです。

2　リスク対策の効果・成果

リスク対策の効果・成果について究極の目標は、潜在的リスクを顕在化させないこと、これしかありません。あるいはリスクが顕在化した際の企業活動の維持・復帰に要した期間やコストもその指標となるでしょう。

では、成果を測定することは可能でしょうか。コンプライアンス違反のリスクを例にとると、単に法令を守ることと解釈し、コンプライアンス違反事件への対処（調査・是正措置・再発防止策等）に費やすコスト発生を回避すること、法令違反によって受ける処罰を免れること、社会的制裁を受けないことがその効果であるととらえるならば、リスク対策の効果は、それらの損失を未然に予防した金額ですが、コンプライアンスをステークホルダーの社会的要請に応える CSR（Corporate Social Responsibility：企業の社会的責任）の一環と解釈するならば、社会的責任を全うすることによって利益を得る企業にとっては重要な投資となります。

具体的には、以下のようなメリットを獲得することが期待できるでしょう。

①　社内の従業員満足による生産性向上
②　信用力・製品ブランド力の向上
③　採用力の強化

18

Ⅵ　海外拠点におけるリスク対策の切り札 ――〔2－3－4メソッド〕の概要

　これまで述べてきたようなリスク対策を考えるうえでは、海外進出を行う企業は、海外拠点に対して、どういうやり方で活動を展開すればよいのでしょうか。その答えは簡単ではありませんが、本書では1つの効果的・効率的な手法〔2－3－4メソッド〕を提示したいと考えています。この手法はいくつかのこれまで常識とされてきたリスク対策の主流的考え方を覆す新しい発想に基づいています。中身の詳細については第2部・第3部に譲るとして、ここでは読者の皆さんにイメージを把握していただくために概略をご説明します。

1　2つの Eff の視点

　2つの Eff とは、効率性（Efficiency）と有効性（Effectiveness）のことです。

　従来は、リスク対策において、費用対効果、コストパフォーマンスの考え方を取り入れた最適化を追求するという考え方は、多数派ではありませんでした。その背景には、そもそもコンプライアンスの費用や効果を正確に測定するのが簡単ではないこと、したがって何が最適であるのかを証明するセオリーがなかなか見出せないことにあると考えます。しかし、このメソッドの最大のセールスポイントは「コストパフォーマンス」です。

2　3階建て規範／ルール方式

　海外進出企業において、進出先国々によって異なる法律や各種の規制、文化や慣習の違いのもとで企業グループとしてのコンプライ

アンス活動における規範／ルールはどう設定されるべきか、という命題です。コンプライアンス活動に携わる人々が、異なる法令・規制やその背景となる文化や慣習に直面すると、規範／ルール設定に際して当惑するはずです。

　従来は、次の選択肢から選んで対応していました。

① 　選択肢１：企業グループ内で共通の規範／ルールを共有する

② 　選択肢２：法律や規制の異なる国々で独自の規範／ルールの併存を許容する

③ 　選択肢３：国や拠点の状況によって規範／ルールを使い分ける

　これらに加えて第４の選択肢として筆者が提唱する３階建て規範／ルール方式とは、次のようなものです。

① 　１階部分：企業グループ内における世界共通規範／ルール

② 　２階部分：日本国内のみに適用し、海外拠点では適用しない

【図１】　３階建て規範／ルール方式

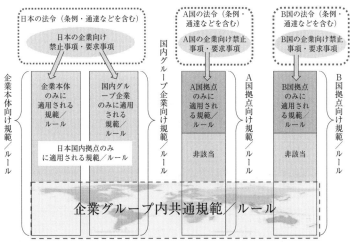

規範／ルール

③　3階部分：海外拠点の所在国に固有の独自の規範／ルール

【図1】はこの3階建て規範／ルール方式の概念をコンプライアンス活動のうちの規範／ルール構築に適用した場合を示した概念図ですが、各階ごとの内容はコンプライアンス活動については第2部で、BCP策定については第3部で説明します。

3　4ステップのサイクル活動

「4ステップのサイクル活動」というと、誰でも連想するのがPDCAサイクルですが、これをコンプライアンス活動にあてはめると以下のようになります。

ステップ1：情報収集
　　　↓
ステップ2：規範／ルール設定
　　　↓
ステップ3：導入準備と運用
　　　↓
ステップ4：アップデートとアップグレード

そして、このステップ4の手続中に、ステップ1「コンプライアンス活動に必要な関連情報の再収集」が含まれており、スパイラル的な活動水準の向上を図っていくというものです。

また、BCP策定では以下のような内容に変わります。

ステップ1：BCP方針の作成
　　　↓
ステップ2：BCP計画の作成

↓

ステップ3：導入・実施

↓

ステップ4：運用・改善

　これらの4ステップによる進め方が、リスク対策としての効率性（Efficiency）と有効性（Effectiveness）という2つの Eff を実現する方法であると考えています。

　それでは、第2部以降では、実例を交えながら、この〔2－3－4メソッド〕をより詳しく紹介していきたいと思います。

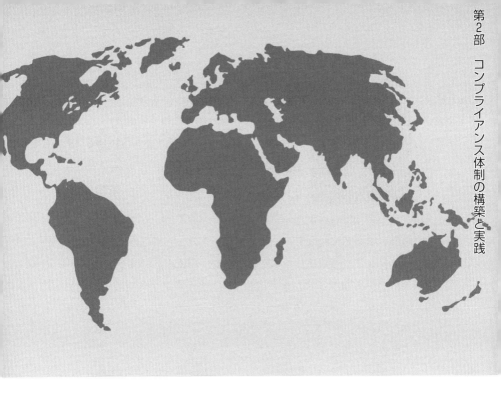

第2部

コンプライアンス体制の構築と実践

第1章　コンプライアンス体制の構築にあたって

　第2部では海外拠点で発生するコンプライアンスリスクに備える体制の構築と実践をテーマとして取り上げ、このために〔2－3－4メソッド〕を適用して効率性と有効性を追求していくというテーマについて論じます。第2章が「コンプライアンス活動の方式」、第3章が「3階建て規範／ルール方式によるコンプライアンス活動」、第4章が「4ステップで進めるコンプライアンス活動」という構成になります。

　コンプライアンス活動で避けて通れない重要な事項の1つは不正予防・不正対策です。本書ではあえて詳しく触れていませんが、企業での不正は繰り返し起こり、それらにも以下のようにいくつかの類型があります。

① 小さな不正をやめられず、習慣のように繰り返してしまうもの
② いったん、偽りを始めると、その発覚を避けるために、さらに新たな偽りを重ねるしか方法がなくなるもの
③ 社内風土に起因するもの
④ 海外に固有の事項を熟知していないために不適切な対応をしてしまうもの

　不正への対策については優れた書籍が多く世に出されていますので、本書では予防活動としてのコンプライアンス体制の構築と実践の段階に焦点を合わせ、不正発生時の危機管理対策やその後の真因分析、再発防止活動については別の機会に譲ることといたします。

24

ただ④のみは本書のテーマである海外拠点に深く関係しますので、ここで少し触れておきます。

「海外に固有の事項」とは、海外に拠点を構えている企業に関係する、その拠点の所在国・地域に固有の法律にかかわる制度や慣習、当局の規制などです。

まず第一にあげられるものとしては、法律の域外適用の問題があります。企業グループ全体の海外へのビジネス展開の状況によって、単に所在国の法令以外にも、域外適用を受ける可能性のある第三国の法令についても認識し、それらを含めてコンプライアンス体制を構築し、予防策を講じるというような世界的視点での対処方法が必要になります。その典型的なものとしては、贈賄については米国の海外腐敗防止法FCPA（Foreign Corrupt Practices Act）、英国の贈収賄禁止法UKBA（UK Bribery Act）、独占禁止については米国のシャーマン法、クレイトン法、連邦取引委員会法FTCA（Federal Trade Commission Act）、EU（欧州連合）の機能条約（The Treaty on the Functioning）などがあげられます。なお、域外適用の問題は第3章Ⅰ・Ⅴで一般論として触れています。

第二に米国を中心とした弁護士秘匿特権（Attorney-Client Privilege）、証拠開示手続（Discovery）、召喚状（Subpoena）、集団訴訟（Class Action）、など日本ではあまり一般的でない海外固有の制度についても対応が必要になる場合があります。

本書ではリスク対策に焦点をあて、これらについて踏み込むことはいたしませんが、海外事業や海外拠点の活動で不正やコンプライアンス違反などの不祥事がひとたび起こると、企業本体（本社）の自身の対応、海外拠点が当事者となる場合はその背後での支援が非常に重要になってきます。現地での実務に詳しい法律の専門家（弁護士）の助力が必要になれば、必要なコストも大きく跳ね上がるこ

とになります。事と次第によっては「効率的」（Efficient）などという言葉がどこかに吹っ飛んでしまうような事態になるかもしれません。

　何よりもそういう事態にならないような不正やコンプライアンス問題の「予防」が大事なのは間違いないところですが、予防策の成否の鍵を握るのは、分厚い活動計画書でも、投入したコストの多寡でも、費やした時間の長さでもなく、あくまで現場で、現地で実行された施策の有効性です。逆にいうと本来は手段であるべき計画書や綿密な活動計画や方針づくりが目的にすりかわってしまうと、コンプライアンス予防どころか、かえって関係者を疲弊させ、コンプライアンスへの忌諱、コンプライアンス意識の低下を引き起こすことさえあります。本書でいう2つの Eff には、このような警鐘が込められているのです。

第2章　コンプライアンス活動の方式

I　コンプライアンス活動の定義

　海外進出企業におけるコンプライアンス活動の方式を紹介するにあたって、まずは、本書における「海外進出企業」「コンプライアンス活動」のそれぞれの定義をおさえておこうと思います。

1　海外進出企業とは

　本書における「海外進出企業」の定義は、「少なくとも日本を含む2か国に拠点を構えている企業」です。

　また、日本には本社および国内拠点を構え、日本以外の国には、

① 　駐在員事務所

② 　海外支店

③ 　海外現地法人

④ 　海外現地パートナーとの合弁会社または業務提携

のいずれかの海外拠点を構えていることになります。

2　コンプライアンス活動とは

　本書における「コンプライアンス活動」の定義は、「企業として、また経営者や従業員がコンプライアンス違反を起こさないための活動全般」です。コンプライアンス違反が起こった後の調査、解決、訴訟対策、広報発表、再発防止策の検討などはこれには含まず、本

書ではコンプライアンス違反の予防に関する活動に限定します。ただ、予防に資する活動すべてを対象に含みますので、従業員への周知のための教育や、不正や過失の起こりにくい環境づくりなど、内容は多岐にわたります。中でも海外進出企業のコンプライアンス活動において拠り所となるものは、コンプライアンス規範／ルール（本章Ⅱ2参照）だと私は考えます。

Ⅱ　コンプライアンス活動の具体的な内容

　以下ではより具体的に、コンプライアンス活動の標準的な内容につき事例を紹介します。

1　注意すべきコンプライアンス規制・要求事項の確認

　経営者や従業員が、法律の専門家のように広く、深く法令（地方の条例や通達を含みます）や規制を理解することは容易ではありません。まずは自分たちの業務に関係する法令が規制している事項、要求している事項を洗い出して、正しく認識することが大切です。海外進出企業では、事業活動の拠点が本社を含み2か国以上にまたがりますので、認識すべき法令・規制も国や地域により異なります。

2　コンプライアンス規範／ルールの作成

⑴　コンプライアンス規範／ルールとは

　企業のコンプライアンス規範／ルールを作成すると、コンプライアンスの対象が明確化・具体化されて経営者・従業員も理解しやすくなります。企業の業務内容や法令・規制、社会の意識、企業への要求などが変化すると、それらによって求められるコンプライアンス規範／ルールの水準や内容も変わりますので、変化を反映した最新の内容にアップデートすべきです。また、コンプライアンス規範／ルールが社会の意識や要求に応える水準・内容になっているかを世間で起こっている事例に照らして随時、点検すべきです。進出先の国によって法令・規制、社会の意識や文化が異なる中で、このコンプライアンス規範／ルールをどう構築するかが、海外進出企業に

29

おけるコンプライアンスの最も難しい点の1つです。

　以下はコンプライアンス規範／ルールの一例です。事業内容や企業の形態等によって項目も異なってきますので、読者の皆さんにイメージを掴んでいただくための一例とお考えください。

① 　経営方針、倫理指針、行動規範

② 　コンプライアンス規程

③ 　コンプライアンスマニュアル

　　ⓐ 　遵守事項

　　ⓑ 　ガイドライン

　　ⓒ 　推進体制

　　ⓓ 　報告・相談・照会

　　ⓔ 　事案調査・解決・対応

　　ⓕ 　教育

　　ⓖ 　点検・モニタリング・監査

④ 　全社共通コンプライアンス関連ルール（危機管理規程、内部通報規程、賞罰規程、内部監査規程など）

⑤ 　業務別コンプライアンス関連ルール（調達規程、販売規程、与信管理規程、独占禁止法遵守規程、情報管理規程、輸出管理規程、環境管理規程、品質管理規程など）

⑵　**コンプライアンス規範／ルールの構成（方式A・方式B）**

　コンプライアンス規範／ルールの構成については、大きく次の2つの方式が考えられます。

① 　方式A　　「規程」にはコンプライアンス活動の枠組みのみ、「マニュアル」には実務的な内容を定め、随時マニュアルを見直す形で内容のアップデートを行う方式

② 　方式B　　「規程」に共通のコンプライアンス規範／ルールを取り込み、「マニュアル」は海外拠点独自の規範／ルール中

30

　心へと内容を分ける方式

　方式A、方式Bの両者を比較してみますと〔表3〕のとおりに
なります。

　なお、コンプライアンス規範／ルールを策定する単位ですが、共
通の内容なのか、独自の内容なのかは別にして、策定の単位、策定
の主体は企業グループ内単位ではなく、会社・法人単位とすること

〔表3〕　コンプライアンス規範／ルールの構成（方式A・方式B）
　　　　の比較

構　成	構成方式の考え方	
	方式A	方式B
経営方針、倫理指針、行動規範	経営方針は個別、そのほかは会社・法人単位	
コンプライアンス規程	枠組みのみを提示	共通ルール
コンプライアンスマニュアル	共通ルール	独自ルール・手続
全社共通コンプライアンス関連ルール	共通ルール	共通ルール・手続
業務別コンプライアンス関連ルール	共通ルール	独自ルール・手続
メリット	役員・従業員等からみて一元化した規定運営が可能	マニュアルがガイドラインを除き、本社の制定・維持する規程に集約されシンプルな体系
デメリット	共通部分とマニュアルに一部内容重複が生じ、制定・維持の効率が低下	海外拠点、国内関係会社、現地法人、合弁会社での一部実態が共通規程に合わない場合には調整が必要

が基本と考えられます。すなわち、海外進出の4形態別にみると、

①　駐在員事務所方式　←　親会社（企業本体）の規程として

②　海外支店方式　　　←　親会社（企業本体）の規程として

③　海外現地法人方式　　←　海外現地法人の規程として

④　海外現地パートナー方式

　　ⓐ　合弁会社　　　←　合弁会社の規程として

　　ⓑ　業務提携　　　←　親会社（企業本体）の規程として

という形で、それぞれ策定することとなります。

3　コンプライアンス規程・コンプライアンスマニュアルの作成のポイント

(1)　コンプライアンス規程の例と作成のポイント

　ここでは、コンプライアンス規程の例と作成のポイントを示します。

> 第1条（目的）
> 　この規程は、当社のコンプライアンスに関する取扱いについて必要な事項を定め、もって当社におけるコンプライアンスの徹底と社会的信用の向上を図ることを目的とする。

　第1条（目的）には、本規程の定める対象とその目的を記載します。

> 第2条（定義）
> 　この規程に定めるコンプライアンスとは、当社の活動が法令、通達、定款及び社内規程等並びに社会一般の規範（以下「法令等」という。）を遵守していることをいう。

　第2条（定義）には、本規程におけるコンプライアンスとは何を

指すのかを定義します。

第3条（適用範囲）

1　この規程は、当社における事業活動のすべてに適用する。

2　この規程は、当社のすべての役員及び社員（契約社員、パートタイマー及び派遣社員を含む。以下「従業員」という。）に対して適用する。

第3条（適用範囲）には、本規程を適用する活動および対象者の範囲を記載します。

第4条（推進体制）

1　本規程の実施・運営のため「コンプライアンス委員会」を設置し、その責任者（以下「コンプライアンス委員長」という。）を任命する。

2　本委員会の運営事務局は、○○部とする。

第4条（推進体制）には、本規程を遂行するに際しての社内推進体制を記載します。

第5条（行動規範）

1　すべての役員及び従業員等は、この規程の目的を踏まえ、法令等を遵守し、自らの職務に努めるものとする。

2　すべての役員及び従業員等は、自らの職務を務めるにあたり、以下に掲げる行為を行ってはならない。

⑴　法令等に違反する行為

⑵　他の役員又は従業員等に対する法令等に違反する行為の指示、命令、教唆又は強要

⑶　他の役員又は従業員等が法令等に違反する行為を行うこ

33

との許可、承認又は黙認

(4)　他の役員又は従業員等若しくはその他の者からの依頼、請負又は強要による法令等に違反する行為を行うことへの承諾

(5)　反社会的勢力との関係及び取引行為

(6)　人種差別及びハラスメント行為

(7)　官民問わず汚職や賄賂等の禁止

(8)　社内で知り得た顧客及び当社の機密情報を第三者に漏洩する行為

　第5条（行動規範）には、役員および従業員等に求める行動規範を記載します。行動規範については、前記(2)①方式 A（コンプライアンス規程では包括的記載にとどめ、コンプライアンスマニュアル、全社共通コンプライアンス関連ルール、業務別コンプライアンス関連ルールにおいてルール・手続を詳細かつ具体的に定める方式）、②方式 B（コンプライアンス規程で詳細かつ具体的に企業グループとしての共通規範・ルールについて記載し、コンプライアンスマニュアルで進出先拠点ごとのルールや手続を定める方式）の2つの方式が考えられます。ここでは方式 B の場合の企業グループとしての共通規範・ルールの例を示します。

①　法令等および顧客・関係先との契約を遵守するとともに、顧客のニーズを尊重し、顧客に満足いただけるサービスおよびシステム等を提供するよう努めること

②　業務を遂行するに際しては個人の基本的人権と多様な価値観、個性、プライバシーを尊重し、人種、宗教、性別、国籍、障害、年齢、性的指向等に関する差別的言動を行わないこと

③　暴力行為、各種ハラスメント等の行為を行わないこと

34

④　安全で健康な職場環境を実現し、労働災害の防止に努めること

⑤　誠意をもってすべての顧客に公正かつ公平に接し、適切な条件で取引を行うこと

⑥　法令遵守に加えて、健全な商慣行、社会通念に従った営業活動を行うこと

⑦　在職中または退職後を問わず、企業機密情報を所定の社内手続を経ないで開示、漏洩しないこと

⑧　在職中または退職後を問わず、企業情報を不適正に利用することにより、企業に損害を与える、あるいは自己もしくは第三者の利益を図ろうとする行為をしないこと

⑨　入社前に知得した第三者の情報で、当該情報につき守秘義務を負っている場合、当該第三者の情報を会社に開示しないこと

⑩　個人情報を保護し、その収集、利用、管理にあたっては、法令等の定める適正な方法で行うこと

⑪　未公表の株価に影響を与える企業情報につき、インサイダー取引を行わないこと

⑫　企業の保有財産を私的に流用しないこと

　進出先の国の法令等が異なることによって、求められる内容・水準が異なってくる場合に、これらの規範／ルールのうち、何を共通とし、何を進出先の国ごとに異なる内容とするか、これが第3章以下の最重要ポイントの1つです。

第6条（内部通報制度）
1　法令等で禁止されている行為が行われている、又はその疑いがあるという情報（以下「コンプライアンス・リスク情報」という。）に接した役員・従業員が、そのコンプライアンス・

　リスク情報をコンプライアンス相談窓口に直接提供すること
　ができる内部通報制度を構築する。
2　「コンプライアンス相談窓口」は○○部に設置する。
3　内部通報制度等を通じてコンプライアンス・リスク情報を
　受け取ったコンプライアンス相談窓口は、迅速、かつ適切に
　○○を行う。
4　内部通報者のプライバシーを保護し、通報者の利益を図る。
5　誠実かつ正当な目的でコンプライアンス・リスク情報を提
　供した役員・従業員等に対しては、情報提供を行ったことを
　理由に、一切の不利益な取扱いは行わない。

　第6条（内部通報制度）には、内部通報制度に関する相談窓口の
設置や、コンプライアンス相談窓口の機能・権限、どのような組織
でどのようなことを行うのかを記載します。

第7条（懲戒処分）
　前項各号に掲げる行為に違反した役員及び従業員等について
は、就業規則等に基づいて処分が課されるものとする。

　第7条（懲戒処分）には、規程違反行為を行った役員および従業
員等に対しては、就業規則に従い、懲戒処分を課すことを記載します。

第8条（教育）
1　役員及び従業員等に対し、計画に基づいてコンプライアン
　ス教育を定期的に継続して行うものとする。
2　「コンプライアンス教育」は○○部がその計画、管理、実
　施及び見直しにつき所管する。

　第8条（教育）には、教育を定期的に継続して実施し、役員およ

び従業員等の資質の向上を図る旨を記載します。

第9条（改廃）
　本規程の改廃においては、コンプライアンス委員会で事前に
協議、立案し、当社取締役会において決議する。

第9条（改廃）には、本規程の改訂・廃止に際して、たとえば、
取締役会／コンプライアンス委員会の関与を義務づけるなど改廃の
効力を発するための手続を記載します。

第10条（施行）
　この規程は、○○年○月○日より施行する。

第10条（施行）には、本規程の施行日を記載します。

⑵　**コンプライアンスマニュアルの例と作成のポイント**

　また、コンプライアンスマニュアルの例として、Ａ方式での独
占禁止法遵守マニュアルの例と作成のポイントを示します（Ｂ方式
での独占禁止法遵守マニュアルについては、第3章Ⅲ2において中国・
韓国・台湾の例を紹介します）。

　1　経営者のメッセージ
　　・法令遵守の明確な決意表明
　　・法令遵守の意義とその違反がもたらす結果

〔ポイント〕
　経営トップが法令遵守の意志を明らかにし、マニュアル作
成の意図を説明します。また、独占禁止法の遵守が企業の存
続にとって必要不可欠なものであることを経営方針として意
思表明し、これを遵守することの必要性を明確にします。

〔違反がもたらす結果の例〕

社会的信用の失墜

課徴金・損害賠償請求などによる経済的損失

指名停止・営業停止などによる事業損失　など

2　独占禁止法の概要

・独占禁止法の目的、しくみ

・独占禁止法の禁止事項

〔独占禁止法の目的〕

一般消費者の利益確保

国民経済の民主的で健全な発達

自由経済社会における公正かつ自由な競争の促進　など

〔独占禁止法の禁止事項〕

私的独占

不当な取引制限（カルテル、入札談合）

事業者団体の規制

企業結合の規制

独占的状態の規制

不公正な取引方法の禁止

下請法に基づく規制　など

3　独占禁止法を踏まえた行動基準

・カルテル、入札談合の関係で行ってはならないこと

・不公正な取引方法の関係で行ってはならないこと

〔ポイント〕

企業の業務内容や業態に照らして、行ってはならないことを選択し、具体的に日常業務での行動規範を示します。

① 私的独占　　事業者が単独または他の事業者と手を組み、不当な低価格販売、差別価格による販売などの手段を用いて、競争相手を市場から排除したり、新規参入者を妨害して市場を独占したりすること

② カルテル　　事業者が単独または他の事業者と手を組み、不当な低価格販売、差別価格による販売などの手段を用いて、競争相手を市場から排除したり、新規参入者を妨害して市場を独占したりすること

③ 入札談合　　国や地方公共団体などの公共工事や物品の公共調達に関する入札の際、入札に参加する事業者たちが事前に相談して、受注事業者や受注金額などを決めてしまうこと

④ 国際カルテル　　国内の事業者がカルテルなどを内容として、海外の事業者と国際的協定を結ぶこと（例：国内の事業者と海外の事業者の間でそれぞれの商品をお互いの国に輸出しないという市場分割協定）

⑤ 取引拒絶　　複数の事業者が共同で特定の事業者との取引を拒絶したり、第三者に特定の事業者との取引を拒絶させたりすること（例：ⓐ新規事業者の開業を妨害するため、原材料メーカーに新規事業者への商品供給をしないよう共同で申し入れる場合、ⓑ小売店に販売価格を指示して守らせるなど、独占禁止法上の違法行為の実効を確保するために、事業者が単独で取引拒絶を行うような場合）

⑥ 差別対価・差別取扱い　　取引先や販売地域によって、商品やサービスの対価に不当に著しい差をつけたり、その他の取引条件で差別すること（例：有力な事業者が競争相手を排除する目的で、競争相手の取引先に対してのみ廉

売をして顧客を奪ったり、競争相手と競合する地域でのみ過剰なダンピングを行ったりする行為）

⑦　不当廉売　　商品を不当に低い価格（例：総販売原価を大幅に下回るような価格）で、継続して販売し、他の事業者の事業活動を困難にさせること（例外：公正な競争手段としての安売り、キズ物・季節商品等の処分等正当な理由がある場合は、違法とはなりません）

⑧　再販売価格の拘束　　ⓐ指定した価格で販売しない小売業者等に経済上の不利益を課したり、出荷を停止したりするなどして小売業者等に自社の商品を指定した価格で販売させること、ⓑ指定した価格で販売することを小売業者等と合意して、自社の商品を指定した価格で販売させること（例外：書籍、雑誌、新聞、音楽用CDなどの著作物）

⑨　優越的地位の濫用　　取引上優越的地位にある事業者が、取引先に対して不当に不利益を与えること（例：発注元の一方的な都合による押し付け販売、返品、従業員派遣要請、協賛金の負担要請）

⑩　抱き合わせ販売　　商品やサービスを販売する際に、不当に他の商品やサービスをいっしょに購入させること（例：人気の商品と売れ残りの不人気商品をセットで販売し、買い手が不必要な商品を買わざるを得ない状況にするような行為）

⑪　排他条件付取引　　自社が供給する商品のみを取り扱い、競合関係にある商品を取り扱わないことを条件として取引を行って、不当に競争相手の取引の機会や流通経路を奪ったり、新規参入を妨げること

⑫　拘束条件付取引　　取引相手の事業活動を不当に拘束するような条件を付けた取引（例：テリトリー制によって販売地域を制限したり、安売表示を禁じたりするなど、販売地域や販売方法などを不当に拘束するような場合）

⑬　競争者に対する取引妨害　　事業活動に必要な契約の成立を阻止したり、契約不履行へと誘引する行為を行ったりするなどして、競争者の事業活動を不当に妨害すること（例：海外ブランド品などの輸入総代理店が国内での価格を維持するために海外の出荷元に対して国内における他の輸入業者との取引中止を求めるような場合）

⑭　不当顧客誘引　　自社の商品・サービスが実際より、あるいは競争相手のものよりも著しく優良・有利であるように見せかける虚偽・誇大な表示や広告で不当に顧客を誘引したり、過大な景品を付けて商品を販売したりすること

⑮　不当高価購入　　競争相手を妨害することを目的に、競争相手が必要としている物品を市場価格を著しく上回る価格で購入し、入手困難にさせるような行為（例：競争相手の製品に不可欠な原材料などを高価な価格で買い占める場合）

⑯　競争会社に対する内部干渉　　ある事業者が、競合関係にある会社の株主や役員にその会社の不利益になる行為を行うよう不当に誘引したり、そそのかしたりすること

4　禁止行為に関するQ&A

〔ポイント〕

41

　　上記 3（行動基準）を補足し、理解を深めてもらうため、必要に応じ、Q&A を作成します。

5　独占禁止法違反に対するペナルティ

〔独占禁止法違反に対するペナルティ〕

　　独占禁止法に基づく行政処分

　　　　排除措置命令

　　　　課徴金納付命令

　　刑事罰

　　監督処分（営業停止処分等）

　　指名停止、一般競争入札への参加資格の停止

　　違約金、損害賠償請求　　など

6　相談窓口、通報窓口について

〔ポイント〕

　　判断が難しい事案の相談や法令違反が疑われる事実、情報に接したときの窓口を明らかにしておきます。

7　教育について

〔ポイント〕

　　独占禁止法の教育を、どういう範囲の職務に従事する従業員に対してどういう頻度で行うかなどの教育・注意喚起活動の枠組みを示します。

8　点検・モニタリングについて

〔ポイント〕

　　独占禁止法を遵守しているかどうかを企業グループとして

点検し、その実態をモニタリングする活動について枠組みを
示します。

4　経営者・従業員への周知（教育）

　企業の経営方針を定め、従業員を先導し、指示するのは経営者の
役割です。また経営方針に従いながら組織の下で、従業員がさまざ
まな職務に従事することで企業の経営は成り立っています。そのた
め従業員各人の業務遂行の場面で注意しておくことが必要な法令・
規制を従業員 1 人ひとりに認知させる周知（教育）は非常に重要で
す。その際に注意したいのは、従業員の立場によって知っておくべ
きポイントの内容・水準が異なることです。経営者、管理者、一般
の従業員、それぞれの立場で異なる必要な知識を伝えられるように
教育の内容や方法を工夫することが必要です。

　また、いくら優れたコンプライアンス規範／ルールがあっても、
従業員に存在が十分認知されてなかったり、実際の業務遂行の場面
で意識されなかったり、行動に反映されていなかったら、それらは
「掛け声」や「絵に描いた餅」にすぎません。これらの規範やルー
ルの周知とは、単に唱和したり、そらで言えるよう暗記することよ
りも、従業員各人が日頃、業務を進める際に、折に触れて規範やル
ールをひもといて読み返し、書いてあることを再確認したりするこ
とのほうがより大切です。認知・意識されていない規範やルールが
ひもとかれることはまずありませんから、この点でも周知（教育）
は重要です。

5　コンプライアンス違反の起こりにくい環境整備

　コンプライアンス違反、不正や過失には往々にして、環境に問題

の要因が潜んでいる場合が少なくありません。相互にチェックできる業務フローを構築したり、データを特定の関係者のみがアクセスできるように制御するなど、企業がしくみのうえで予防できるコンプライアンス活動の取組み項目はたくさんあります。「違反しないよう気をつけろ」というのは最も効果の上がらない対策で、フェールセーフの発想で「間違いを起こしようがないしくみ」を導入することが、より効果的な対策になります。たとえその環境整備に初期投資コストが発生するとしても、その後の運用コストが継続的に節減でき、初期投資コストを早期に回収することが可能な場合も多いです。

6　コンプライアンス違反の通報・相談窓口

　従業員からコンプライアンス違反について通報や相談を受ける窓口を設置しておくことは重要です。周囲のコンプライアンス違反に気づいたり、疑問を抱いた従業員がスムーズに抵抗なく窓口にアクセスできるようにしておくことで、コンプライアンス違反を予兆や早期の段階で企業として認知し、解決を図ることができます。

　しかし、コンプライアンス違反の通報については、企業内だけでは問題を解決に導く自浄が難しいことが起こり得ます。特に従業員の少ない小規模の拠点であれば、人間関係上の問題などからコンプライアンス違反を通報・相談することに及び腰になってしまう場合もあるでしょう。外部のコンプライアンスチェック機関であれば社内の目を気にすることもなく正しいことは正しい、間違っていることは間違っているという冷静な判断ができますので、こういった外部機関の力を借りることも有効です。

　昨今世間を騒がせているコンプライアンス違反の中には、このような通報によりその存在が明らかにされた事例が少なくありません。

44

7　自己点検、第三者による点検

　これらのコンプライアンス活動のしくみそのもの、その中身、運用状況については定期的な点検が必要です。主要な点検のポイントは活動内容が企業の現状、実態に合致しているか、法令・規制につき最新の内容を反映しているか、社会の要求から乖離した水準になっていないか、活動の形式や手続にとらわれすぎて形骸化・陳腐化していないかといった点になります。

　点検の仕方としては、チェックリストにより自部門を自己点検する、企業グループ内の異なる部門同士で相互に点検し合う、内部監査部門などにより第三者的立場から客観的に点検する、などさまざまなやり方が考えられます。

Ⅲ　従来のコンプライアンス活動の3つの方式

　これまで説明してきたコンプライアンス活動の定義や内容をながめてみると、海外拠点をもつ企業と海外拠点をもっていない企業でコンプライアンス活動に違いがあるか、というと大きな枠組みとしては共通であることに読者の皆さんは気づかれることでしょう。

　ただ、海外に拠点をもつ企業においては1つの企業グループにありながら法律や規制が違い、文化や習慣が異なる国や地域に所在する複数の海外拠点を束ねるに際して、それぞれコンプライアンス規範／ルールや教育内容などをどう決め、どういう内容にしたらよいのか、どう運用していくか、という点が一番大きな問題になりそう

【図2】　コンプライアンス活動の展開方針

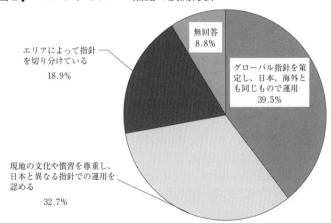

出典：日本能率協会総合研究所『コンプライアンスの取り組みに関するアンケート』
　　　（2018）

だということも想像できます。では、これまでの日本企業はこの問題にどう対処してきたのでしょうか。

㈱日本能率協会総合研究所が2018年に行った「コンプライアンスの取り組みに関するアンケート」の中で、海外拠点・子会社を設けている日本企業620社を対象に、グローバライズ・ローカライズという大きな2つのコンプライアンス活動の展開方針について調査したところ、次のような結果が得られました。

コンプライアンス活動の展開につき「グローバル指針を策定し、日本、海外とも同じもので運用している」と回答した企業が39.5%、「現地の文化や慣習を尊重し、日本と異なる指針での運用を認める」と回答した企業が32.7%と、両者はほぼ拮抗した結果になりました（ここでいう「指針」とは、本書でいう「規範／ルール」とほぼ同義とお考えください）。なお、これらの両回答以外には「エリアによって指針を切り分けている」が18.9%となっています。

そこで、以下では、従来のコンプライアンス活動を、

① 共通規範／ルール方式（グローバル指針を策定し、日本、海外とも同じもので運用している）

② 独自規範／ルール方式（現地の文化や慣習を尊重し、日本と異なる指針での運用を認める）

③ 使い分け方式（エリアによって指針を切り分けている）

の3つの方式（従来3方式）に分類して、それぞれの方式について解説します。

1 共通規範／ルール方式

共通規範／ルール方式は、駐在員事務所、海外支店の場合は企業内の一組織なので当然ですが、たとえ現地法人、現地パートナーとの合弁会社・業務提携の場合でも同一企業グループ会社であるので、

たとえ国や地域が異なっていようと企業グループ全体を1つの共通の規範／ルールのもとで一体運営する、という方式です。ただし、文化や風習の異なる国で働く従業員が腑に落ちる形でどれだけ共通規範／ルールを受け入れることができ、1人ひとりの業務や行動に活かせるかによって共通規範／ルールの有効度が左右されるのです。

「火の用心症候群」というトップダウンの傾向の強い企業がややもすると陥りやすい過ちをご存じですか。「火の用心」という掛け声で全社で防火に取り組もうとして、トップから現場まで口を揃えて一様に「火の用心」と唱えても、あまり防火の効果は上がりません。社員1人ひとりが自分の仕事の中で何に気をつけたら本当に火の用心に貢献できるのかを考え、司司（つかさつかさ）で日々実践しなくては、本当の意味で「火の用心」にはならないのです。

【図3】　共通規範／ルール方式

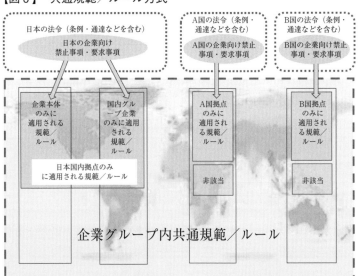

48

　また、海外拠点の従業員たちはあまり口に出して言わないかもしれませんが、本社が強力にリーダーシップを発揮すればするほど外国にある本社からの押し付けを疎ましく感じる「反感」、そして共通規範／ルールを明確に具体的に定めれば定めるほど規範／ルール自体は間違ってないのに、それでも残る「違和感」。このような社内価値観の摩擦と軋轢、本社と海外拠点の温度差こそが、共通規範／ルール方式のリスクであるといっても過言ではありません。

　共通規範／ルール方式の概念を整理すると【図3】のようになります。共通規範／ルールが企業グループ全拠点で展開され、日本および特定の国の規制を反映した独自規範／ルールは共通規範／ルールに包含されて見かけ上、１本のルールで統一されています。

2　独自規範／ルール方式

　独自規範／ルール方式は、共通規範／ルール方式とまったく逆で、企業グループ内の共通する方針は最小限度のものにとどめて、海外拠点ごとに所在国や地域の規制に合った方針を定め、その結果生じる多様性を許容し、それぞれで運用するという方式です。企業グループ全体としての統一感はなくなりますが、一見、各国の規制に合った無駄のない、軋轢のないコンプライアンス活動が実施できそうに思えます。

　しかし、実際の運用はそれほど単純ではありません。海外進出先でコンプライアンス情報収集を確実に行い、適切な水準に基づいた方針を定め、責任ある運営を行うことは、そのための十分な体制やリソースの整っていない海外拠点にとっては大きな負担になります。企業本体（本社）の役割は、主として企業全体を適正に運用するためのモニタリング活動ですが、各拠点の独自の方針が所在国や地域の禁止事項・要求事項を満たす適正な水準なのかどうかを確認し、

問題があれば指導するということは決して簡単にこなせることではありません。本社側にも満足なモニタリング活動と発見した問題点改善のためのリソースや能力が十分備わっていないかもしれません。

　また、全体維持のために拠点ごとで発生するコストの総合計が見えにくく、管理しにくい点も見逃せないポイントです。各拠点の独自規範／ルールを所在国・地域の法令や規制の禁止事項・要求事項に対応した内容とするためには、所在国の弁護士等の専門家のアドバイスを頼らなくてはいけないかもしれません。法令や規制の禁止事項・要求事項の変更に追従して、独自規範／ルールの最新化を図る活動は継続して行う必要があり、専門家の活用は1回きりで済まないかもしれません。また、企業全体、企業グループ全体を俯瞰してみたとき、各拠点で独立して行っている活動には、どうしても内容の重複が生じるという非効率な点も忘れてはいけません。反感、違和感はなくとも、気づかないうちに同じことを同時期に複数の拠

【図4】　独自規範／ルール方式

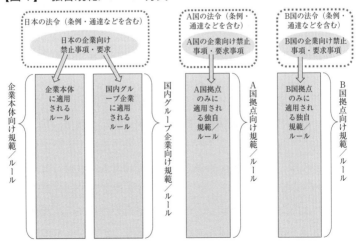

点で行ってしまう「部分最適／全体不適」に陥る事態は、全体コストの膨張を招く危険性があり、そこが独自規範／ルール方式の問題点です。

　独自規範／ルール方式の概念を整理すると【図4】のようになります。

3　使い分け方式

　使い分け方式は、地域によって、あるいは拠点の状況によって共通規範／ルールと独自規範／ルールの両者を使い分ける方式です。「地域によって」とは、進出先がたとえば欧米などの先進国なのか、アジア・中南米などの途上国なのか、「拠点の状況によって」とは、たとえば比較的大規模で陣容の整った海外拠点なのか陣容の整っていない海外拠点なのかによって対応方針を変えるという意味です。

　先進国では細かく複雑な法規制が厳格に要求され、共通の規範／ルールではカバーし対応しきれず、海外拠点ごとに独自の規範／ルールを定めて対処しないと対応しきれない一方で、途上国では細かな法の規定があったとしても、実運用では取締り体制が整ってなく、実態が伴わなかったりすることが往々にしてあります。使い分けとは、海外拠点の実態を調査したうえでリスクを想定し、企業グループとしての共通規範／ルールで要求水準をおおむねカバーすることで効率的・効果的にリスクを低減し、許容できる範囲でのリスクは受容するということです。この使い分け方式で留意すべき点は、

　①　独自規範／ルールの完全ブラックボックス状態の回避
　②　共通規範／ルールの適正な水準の設定
　③　海外拠点の状況による使い分け

です。1点目の完全ブラックボックス状態の回避とは、独自規範／ルール方式の項で述べた責任ある運営の前提となる「確実なコンプ

ライアンス情報の収集」「適切な水準に基づいた方針」を担保するために必要です。具体的方策としては定期的な点検活動や内部監査などが考えられます。

　2点目は、進出先国の規制の実態をよく調査したうえでの適切なリスク管理に基づく適切な水準に共通方針を設定するということです。この方式は〔2－3－4メソッド〕の「3階建て規範／ルール方式」における1階部分の水準の設定方法と共通するため、第3章で詳しく説明します。

　3点目の海外拠点の状況（陣容・コンプライアンス活動体制）が比較的大規模で陣容の整った海外拠点なのか、陣容の整っていない拠点なのかによっての使い分けとは、運用していく主体において必要となるであろう人的リソース面をあらかじめ想定して使い分けるというものです。比較的陣容の整っている海外拠点は独自の運用が可能な独自規範／ルール方式、陣容の整っていない海外先拠点には日本側の本社が主体となって共通規範／ルールを策定し、それを適用するという共通規範／ルール方式にする、という使い分けが合理的と考えられます。

　使い分け方式の概念を整理すると【図5】のようになります。A国の拠点には日本国内とA国共通規範／ルール、B国の拠点には独自規範／ルールという形で使い分けていることを示しています。

【図5】　使い分け方式

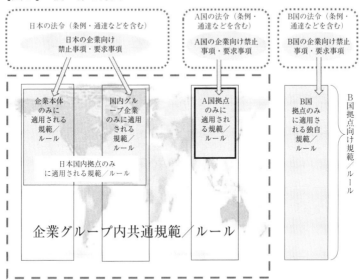

Ⅳ　これからのコンプライアンス活動の方式を考える

1　従来3方式と3階建て規範／ルール方式の比較

　本章でこれまで説明してきた従来3方式（「共通規範／ルール方式」「独自規範／ルール方式」「使い分け方式」）と、本書で提唱する「3階建て規範／ルール方式」とを比較してみます。

　まず、第1部で提示しました「3階建て規範／ルール方式」の概念を【図6】としてもう一度提示します。

　一見4つの方式のうちで最も複雑な体制にみえ、はたしてこのような共通規範／ルール、独自規範／ルールを組み合わせて全体をうまくコントロールできるのか、という疑問を感じる読者がいるかも

【図6】　3階建て規範／ルール方式

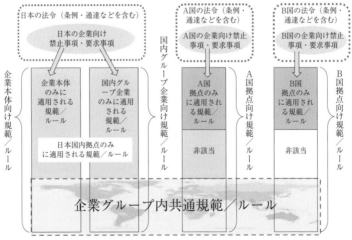

しれません。この「3階建て規範／ルール方式」とは、一言でいうと、本社が主導しながらも、各海外拠点全体がそれぞれの役割を担う分業体制による方式です。後ほど詳しく触れますが、この役割分担と全体構成をよく理解し、当事者意識をもって全海外拠点に参画してもらう必要があります。

　以下では、「共通規範／ルール方式」「独自規範／ルール方式」「使い分け方式」と「3階建て規範／ルール方式」とを比較し、それぞれのメリット・デメリットを明らかにします。

　〔表4〕をご覧いただくと、規範／ルールの方式を、三者択一で1つの方式に統一しなくてはならないということは必ずしもなく、おのおののメリットを活かせる最適の方式を規範／ルールの性格に

〔表4〕　従来3方式と3階建て規範／ルール方式の比較

	従来3方式			3階建て規範／ルール方式
	共通規範／ルール方式	独自規範／ルール方式	使い分け方式	
メリット	海外拠点での検討が最小限度で済み、本社一元化により全体で効率的である	海外拠点での主体的検討が必要であり、当事者意識が高くなる	海外拠点の状態に合わせて無理のないように共通規範／ルール方式と独自規範／ルール方式を選択できる	本社、海外拠点が分担し無駄なく主体的に参画でき、最新化、維持向上が楽である
デメリット	本社による共通ルールの適正水準の設定が難しく、海外拠点の反感、違和感も高まる	海外拠点間で重複業務が多く非効率で、全体のコスト把握が困難となり、拠点に一定のリソースが必要である	いったん使い分けが確定すると、それが前提となり、海外拠点側の意識や対応が固定化する	全体に抜けが生じないよう相互連携と点検・確認が不可欠である

55

応じて選ぶ、あるいは複数の方式を組み合わせるといった柔軟な方針で臨むという選択肢もあることに気づかされます。

2　コンプライアンスコストは聖域か

　ここまでの説明を読んだ読者の皆さんの中には〔2－3－4メソッド〕に対して「何だ、コンプライアンスコストを抑えるための方策か。コストダウンを図った結果、どこかに綻びが出て大きな事件でも起ころうものなら、それ見たことかと言われるぞ」という印象をもたれた方もいらっしゃるかもしれません。過去に苦い経験をおもちなら、なおさらのことかもしれません。

　しかし、私の意見は、「コンプライアンスコスト聖域論」には反対です。企業が行う経営活動や施策には必ず目的があり、その目的のためにはずしてはならない「ツボ」があるのです。コンプライアンス事案発生の背景には多くの場合、このツボを意識しないままで管理・活動が行われ続けた結果、「ムリ・ムラ・ムダ」や「形骸化」が知らず知らずの間に醸成されているケースがあることが多いのです。コンプライアンスコストの把握・効果の測定が難しいことについては、第1部ですでに述べました。しかし、コンプライアンスを聖域化していては、「ムリ・ムラ・ムダ」「形骸化」を助長し、時間の経過とともにリスクを高めてしまう、というのが、私の意見です。

3　コンプライアンス活動において切り札となる方式は存在するか

　海外進出企業における海外拠点でのコンプライアンス活動について「2つの Eff の視点」（Efficiency（効率性）と Effectiveness（有効性））を評価する際に、進出先国、事業内容、企業の規模の大小など諸条件が異なる中でも広く通用するような切り札になる方式は存

在するのか、それともすべてにおいて最適な方式に決定的なものはなく、状況に応じて最適な方式を選択すべきなのかという命題には、読者の皆さんも大いに関心がおありなのではないでしょうか。

これについては本書で提唱する〔2－3－4メソッド〕が1つの答えになると考えますが、本メソッドの効果が最大限に発揮できる条件とあまり発揮できない条件、本メソッドの限界についても第4部（〔2－3－4メソッド〕の可能性と限界を知る）で明らかにしたうえで、読者の皆さんのご判断に委ねたいと考えます。ただ一言付け加えるとすれば「コンプライアンス活動に終わりなし」という警句です。これで完全だ、という最終到達点はおそらく存在しません。法改正や新たな規制、社会が企業に求める要求水準は常に（多くは高度化・厳格化・広範囲化の方向で）変化しており、その最新化と維持・向上がとても重要であり、そのために必要な運用コスト、継続性を軽視すべきでないという点です。〔表4〕であげたとおり、最新化、維持・向上の楽さは3階建て規範／ルール方式の最大のメリットであるということができます。

第3章　3階建て規範／ルール方式によるコンプライアンス活動

　それでは、本書の主題の1つである、3階建て規範／ルール方式によるコンプライアンス活動体制の構築方法について具体例を示しながら説明します。

I　1階部分の意義と設定方法

　1階部分とは、【図7】の3階建て規範／ルール方式図において「企業グループ内　共通規範／ルール」と示された部分です。

【図7】　3階建て規範／ルール方式（1階部分）

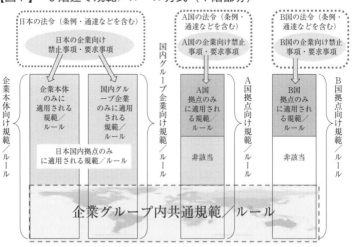

1　1階部分の意義

　1階部分は本社が主導的立場で策定し、海外拠点の所在国にかかわらず企業グループ共通の規範／ルールとしてすべての拠点で適用するものです。これを設定することの意義は、企業グループ内にいる限り、法律や規制が国で異なっていたとしても、企業グループとして従うべき点線で囲った共通部分だけを切り出して、本社が主導して規範／ルール化し、企業グループ内に一括して流布し、その徹底を図ることにあります。

　ここで第2章であげた「共通規範／ルール方式」を再度【図8】として掲げて【図7】の「3階建て規範／ルール方式」の1階部分と比較してみましょう。

【図8】　共通規範／ルール方式

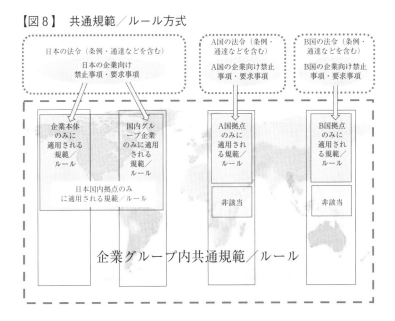

　両者を比較してみると共通規範／ルール部分のカバーする範囲が決定的に異なっていることがわかります。つまり、ここで1階部分のカバーする領域、言い換えれば、共通規範／ルールをどうやって適正に決めるか、その方式が非常に重要だということです。

2　1階部分の適正な水準の決定

　企業グループ内の共通規範／ルールの適正な水準を決定するためには、次の7段階の手順を踏んで行います。

　第1段階：海外拠点の事業活動の内容・体制の明確化

　第2段階：海外拠点が事業活動を行う際に国から受ける規制内容
　　　　　　の把握と項目別の分類

　第3段階：国別の規制の範囲の広さ、規制の厳格さの評価と計数
　　　　　　化

　第4段階：国別の規制レベルの総合評価

　第5段階：国別の規制水準と企業グループ内構成比のグラフ化

　第6段階：国別の規制水準の差異を反映した企業グループ内の共
　　　　　　通規範／ルールの水準についての方針の策定

　第7段階：適正な共通規範／ルールの水準の決定

　では、ここで比較的単純な事例（贈賄に関する共通規範／ルールの設定）を取り上げ、上記の7段階別に、それぞれの手順・留意点を示します。

　比較的単純な事例として、日本に本社・支社があり、インドネシア、マレーシア、フィリピン、タイ、ベトナムの5か国に進出し、日本および5か国で商品の販売を行っている商社を取り上げます。先ほど触れました7段階の手順に沿って、海外進出に伴い発生する贈賄リスクに対して、この事例における企業グループ内の共通規範／ルールの適正な水準を導き出します。

(1)　**第1段階──海外拠点の事業活動の内容・体制の明確化**

　この段階はすでに東南アジア5か国に進出して、それぞれの国の現地法人が事業を行っているので、現状を確認することで足ります。明確化すべきポイントは今回取り上げる贈賄の場合、次の①～⑥の6点です。本事例では以下のとおりとしました。

①　進出形態（駐在員事務所／海外支店／海外現地法人／海外現地パートナー）　　　　　　　　→　5か国すべて現地法人

②　取引先（官公庁／民間／両方）　　　→　5か国すべて両方

③　各国以外の外国人公務員との接触機会の有無

　　　　　　　　　　　　　　　　　→　5か国ともなし

④　各国からの輸出の有無と輸出先

　　　　　　　　　→　5か国とも自国向け販売のみ、輸出はなし

⑤　販売形態における代理店、特約店などの仲介販売者の有無

　　　→　5か国とも顧客への直接販売のみ、仲介販売者はなし

⑥　進出先の国以外に企業グループが米国に海外子会社を所有しているか、また英国のどこかで事業の一部を行っているか

　　→　贈賄に関して特に厳格な法規制のある米国、英国ともに拠点を保有せず、事業進出していない

(2)　**第2段階──海外拠点が事業活動を行う際に国から受ける規制内容の把握と項目別の分類**

　進出先東南アジア5か国および本社・支社のある日本における贈賄禁止に関連した法令の規制内容を調査し、〔表5〕のように、項目別に一覧表を作成します。この段階では各海外拠点の協力を仰ぎ、また海外拠点の情報収集能力が十分でない場合には本社が代行したり、または外部専門家の力を借りたりする必要があるかもしれません。なお、ここで取り上げた項目は「公務員への贈賄」「ファシリテーションペイメント（新興国等において行政サービスの迅速化・円

滑化のためと称して比較的少額の金銭を行政担当官に支払う慣行を贈賄の例外と扱う制度）の有無」「私人への贈賄」「外国公務員への贈賄」「法人への贈賄防止策要求」の５項目としました。

　ここで注意すべき点があります。項目別一覧表に掲載すべき範囲は企業が受ける規制、法的に要求される事項のうち第１段階で確認した事業活動の範囲に照らし合わせて適用されるものに限定し、絞って構わない、ということです。たとえば、「法人」に対する規制、法的に要求される項目は進出形態が駐在員事務所や海外支社であれば通常は適用されない事項です。適用されない法律の条項までカバーしていては、企業にとって無関係な項目までが含まれてしまいます。ただし、逆にいうと進出形態が変わったり、事業活動の内容が変わると一覧表を改定する必要が出てきます。５項目の中でも「法人の贈賄防止策要求」欄に注目が必要です。ここに記載した事項は法的義務や要求事項ではないものが含まれているのですが、役員、従業員が贈賄を行った場合の法人への責任度合、罰則に影響する可能性がありますので欄を設けました。

　本事例の現状でみると、第１段階②で取引先は官公庁と民間の両方があるため、公務員と私人両方への贈賄に留意する必要があります。

　また第１段階③で外国人公務員との接触機会が海外拠点においては存在しないことが確認できていますので、日本の本社・支社のみについて「外国公務員への贈賄」に留意すればよいことになります。

　さらに第１段階⑥で米国・英国いずれにも拠点がなく、事業を行っていないならば、米国海外腐敗行為防止法（FCPA：Foreign Corrupt Practices Act）、英国の贈収賄法（UKBA：Bribery Act）の適用はありません。これら一部の国の法令は当該国以外での贈賄行為に対して適用される、いわゆる「域外適用」のある法令ですので

注意する必要があります。

⑶ **第3段階──国別の規制の範囲の広さ、規制の厳格さの評価と点数化**

ここでは、第2段階で行った項目別一覧表に基づいて、次の2つの要素を3段階評価で以下の基準で評価し、合計点を計算します。なお、注意すべき点を追記します。

① 規制範囲が事業活動に与える影響の範囲の広さ

　　〔広い：3点／中程度：2点／狭い：1点／影響なし：0点〕

　※　あくまで現時点で行っている事業活動に及ぼす影響の広さで評価します（将来の影響見込みについては考慮しません）。

② 規制内容が事業活動に与える影響の大きさ

　　〔甚大：3点／中程度：2点／限定的：1点／影響なし：0点〕

　※　事業活動に及ぼす規制内容や法令によって課される事項など顕在化している影響の大きさのみで評価します（罰則の軽重のように違反した場合に初めて影響が発生する潜在的な影響の大きさは含みません）。第2段階、第3段階について日本と東南アジア5か国の項目別規制内容と規制範囲が事業活動に与える影響の範囲の広さ、規制内容が事業活動に与える影響の大きさによる評価点数を国別一覧表にまとめました。

⑷ **第4段階──国別の規制レベルの総合評価**

ここで取り上げた事例について、①公務員への贈賄　②ファシリテーションペイメントの有無　③私人への贈賄　④外国公務員への贈賄　⑤法人への贈賄防止策要求について5項目に軽重をつけず単純合計すると、〔表5〕のとおり日本18ポイント、マレーシア20ポイント、インドネシア19ポイント、ベトナム12ポイント、タイ18ポイント、フィリピン7ポイントという評価になりました。

このポイントは、贈賄に対する各国の規制の範囲の広さ、影響の

63

〔表5〕　規制内容と項目別の評価点（例）

国名	法規制	公務員への贈賄	ファシリテーション ペイメント（※）の有無
日本	刑法 会社法 国家公務員倫理法 不正競争防止法	贈賄を行った個人に対し3年以下の懲役または250万円以下の罰金。 法人に対し刑罰なし。	国家公務員倫理規程で、茶菓、簡素な飲食物、立食パーティーにおける記念品、飲食物の許与は例外。
範囲	特記事項	1	2
内容		2	2
マレーシア	刑法 汚職防止委員会法 公務員の贈答品に関するガイドライン	法人の関係者が贈賄を行った場合、法人が関係者による贈賄行為を認識していたか否かに関わらず（無過失責任）犯罪で得た利益額の10倍以上（算定可能な場合）もしくは100万リンギットのいずれか高い額の罰金、もしくは20年以下の禁錮、またはその併科。	公務員の贈答品に関するガイドラインで利益受領者の月収の1/4または500リンギットのいずれか低い方を例外。
範囲	特記事項	3　法人の無過失責任、役員等関与みなし規定は厳格。	1
内容		3	1
インドネシア	贈収賄防止法 汚職防止法	贈賄を行った個人に対し5年以下の懲役または2.5億ルピア以下の罰金刑。 贈賄を行った法人に対し3.3億ルピア以下の罰金、賄賂の没収、賄賂により得た金額の2倍までの金額追徴、1年間の事業停止または事業許可の剥奪。	公務員に供与される利益は例外なく賄賂に該当。
範囲	特記事項	3	3
内容		3	3
ベトナム	新汚職防止法 刑法	贈賄を行った個人に対して金額に応じて最高20年以下の拘禁刑または最高2億ベトナムドン以下の罰金。 法人に対し刑罰なし。	200万ベトナムドン。 冠婚葬祭、伝統行事、旧正月の場合50万ベトナムドン以下の贈答品を例外。
範囲	特記事項	1	2
内容		2	2
タイ	刑法 汚職防止法 政府入札違反法 慣習としての公務員の資産または利益受領に関する国家汚職防止委員会告示 国家公務員による犯罪に関する法律	贈賄を行った個人に対し5年以下の懲役もしくは10万バーツ以下の罰金または併科。 贈賄を行った贈賄が法人の利益のために法人に関連する人物によって行われた場合、法人は賄賂を防止するための適切な内部統制措置を置いていないと罰金。	親族以外から受領する場合、1回3000バーツ未満は例外。
範囲	特記事項	3	1
内容		3	1
フィリピン	改正刑法 汚職防止法 公務員職務倫理規定	贈賄を行った個人に対し12年以下の懲役または賄賂額の3倍程度以下の罰金刑。 法人に対し刑罰なし。	公務員職務倫理規定に職務関連性を欠く少額贈与の例外。
範囲	特記事項	1	2
内容		2	2

※新興国等において行政サービスの迅速化・円滑化のためと称して比較的少額の金銭を行政担当官に支払う慣行を贈賄の例外として扱う制度。
出典：ベーカー＆マッケンジー法律事務所ニューズレター2019年1月16日号を基に筆者が加工

私人への贈賄	外国公務員への贈賄	法人への贈賄防止策要求	合計点
私人への贈賄には刑罰なし。会社法で取締役や会計参与、監査役、執行役などの民間人に対し不正の請託を伴う贈賄を行うと5年以下の懲役または500万円以下の罰金刑。公務員以外でもみなし公務員については刑法上の贈賄罪が適用。	不正競争防止法で5年以下の懲役もしくは500万円以下の懲役または併科。法人の代表者や使用人等が当該法人の業務に関し違反行為をした場合、両罰規定として法人に罰金。域外適用あり。	経済産業省「外国公務員贈賄防止指針」（平成27年改訂）で内部統制システム整備義務の一環としての贈賄防止体制により処罰の減免可能性。	
2　　　　　　2	3　　　　　　3	1	18
国家公務員への贈賄と同様。	国家公務員への贈賄と同様。		
3　国家公務員への贈賄と同様。　3	3　国家公務員への贈賄と同様。　3		20
法の規制なし。	汚職行為の目的が公益に悪影響を与えることが証明できる場合には汚職防止法の規定が外国公務員の汚職行為に対しても適用。	最高裁判所規則で贈賄を行った法人の刑事責任を判断する際の基準に「企業がコンプライアンスプログラム等の措置を講じているか」を導入。	
	2　　　　　　2		19
「地位・権限を有する者」に対する贈賄は刑事罰対象。	刑事罰対象。	汚職行為の防止措置、汚職行為を発見したときの当局への報告、情報提供、汚職行為の防止を目的とした行動指針、内部統制システムの構築義務。	
1　　　　　　1	1　外国捜査機関と共同する枠組みを整備中。　1	罰則なし。	12
法の規制なし。	反賄賂法は外国公務員および国際機関職員に対しても適用。	賄賂を防止するための適切な内部統制措置に対する基本的指針を定めたガイドライン有。本ガイドラインはタイにおいて事業を行っている外国法人についても適用。	
1　　　　　　1	3　　　　　　3	2	18
法の規制なし。	法の規制なし。		
			7

大きさを総合点で評価した数値となります。

(5)　第5段階──国別の規制水準と企業グループ内構成比のグラフ化

　ここで進出先の国別に規制水準と、それを基に企業グループ内の共通規範／ルールを導き出します。【図9】における棒グラフの縦軸は第4段階で総合評価した国別の規制範囲・影響評価に基づいて評価した合計点数です。同じく横軸については企業グループ内における進出先の国別の構成比率を表示します。何を指標として構成比率を算出するかについては、本事例では贈賄を取り上げているため、年間売上高を指標にとった構成比がふさわしいと考えます。これ以外に次善の指標としては、一定規模以上の売上の継続している大口取引顧客数を指標とする案も考えられますが、一定規模、取引継続の基準設定によって構成比が左右され、贈賄について進出先国間で比較するために売上規模や取引継続期間の線引きを一律で基準に設

【図9】　国別の規制水準と年間売上高構成比

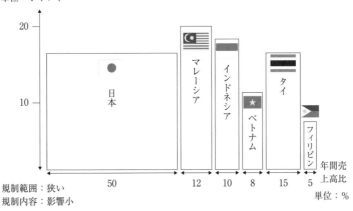

規制範囲：広い
規制内容：影響大
単位：ポイント

規制範囲：狭い
規制内容：影響小

定することは困難と考えられるため、年間売上高を指標としました。
なお、本事例では単純化して企業グループ内での年間売上高構成比
を以下のとおりと仮定します。

- ・日本（本社・支社）　50%
- ・マレーシア　　　　　12%
- ・インドネシア　　　　10%
- ・ベトナム　　　　　　 8 %
- ・タイ　　　　　　　　15%
- ・フィリピン　　　　　 5 %

⑹　第 6 段階──国別の規制水準の差異を反映した企業グループ
　　内の共通規範／ルールの水準についての方針の策定

　企業グループ内の共通規範／ルールの水準について、 3 つの方針
を比較します。

①　方針 1 ：関係国の中で最も厳格な国の規制水準に合わせる
②　方針 2 ：関係国の中で最も緩やかな国の規制水準に合わせる
③　方針 3 ：方針 1 と方針 2 の中間で均衡水準に近い国の規制水
　　　　　　準に合わせる

【図10】は方針 1 、すなわち関係国の中で最も厳格な水準（Ⓐの
ライン）を企業グループ内の共通規範／ルールとするものです。こ
の場合、すべての海外拠点がこの共通規範／ルールを遵守すること
によって、最も厳格な国の規制までも満たす安全な水準ですが、一
方の問題点は、いわゆる「過剰規制」、それぞれの国で求められて
いない水準（Ⓑの部分）の規制までも過剰なコストをかけて無理や
り守らせようとすることになる点です。この点に関しては、最も厳
格な国以外の海外拠点から反発が起こることも懸念されます。

【図11】は同様にⒶの点線を企業グループ内の共通規範／ルール
とする方針 2 を示しています。この場合、Ⓐの点線から下の共通規

【図10】　共通規範／ルールの水準（方針１）

規制範囲：広い
規制内容：影響大
単位：ポイント
Ⓐ
Ⓑ
20
10
日本
マレーシア
インドネシア
ベトナム
タイ
フィリピン
年間売上高比
50
12
10
8
15
5
単位：％
規制範囲：狭い
規制内容：影響小

【図11】　共通規範／ルールの水準（方針２）

規制範囲：広い
規制内容：影響大
単位：ポイント
Ⓑ
Ⓐ
20
10
日本
マレーシア
インドネシア
ベトナム
タイ
フィリピン
年間売上高比
50
12
10
8
15
5
単位：％
規制範囲：狭い
規制内容：影響小

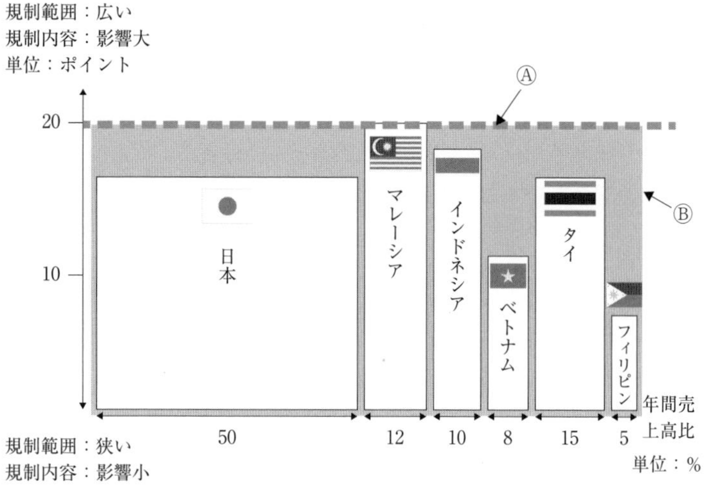

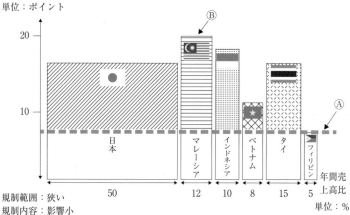

範／ルールは企業グループのすべての海外拠点での最低限、遵守すべき水準を示しているにすぎません。各国にとってはこの共通規範／ルールがもつ意味はあまりありません。なぜならば、それぞれの国での法令や規制をクリアするためにそれぞれで独自に規範／ルール（各国のⒷの部分）を上乗せする必要があり、規範／ルール策定、その周知と遵守、点検、最新化など重複する業務を複数拠点で並行して行わなくてはならないという、全体として非効率的な遂行体制になっているからです。

　この遂行のためにはそれぞれの海外拠点でも多くのリソースが必要です。Ⓐの点線から下の部分は、企業本体（本社）主導で一括した運用が可能ですが、企業本体（本社）としては往々にして共通部分だけの遵守で安心してしまい、独自導入、独自運用されているⒶの点線から上の規範／ルールが、それぞれの拠点で必要な水準をクリアし、それらが維持されているか、また実際に遵守されているかが見えにくくなる点、極端な場合にはブラックボックス化を起こす傾向にある点、これらが問題です。ただし、方針1と異なり、過剰規制とそれに伴う各拠点からの反発は起こりにくいと考えられます。

　【図12】に示しました方針3の規範／ルールについてはⒶの線の水準に設定することで、それぞれの国で不足する規制・要求事項をクリアするための独自上乗せが必要なⒷの部分と過剰規制の生じているⒸの部分の両方が発生しています。この規範／ルールの水準は、不足する規制部分（Ⓑの部分）と過剰な規制部分（Ⓒの部分）の面積を均衡させる、つまり不足／過剰内容と企業グループ内での構成比率のバランスをとった中庸的なものです。言い換えると、企業グループ内の構成比を加重平均した水準との比較において、方針1で起こった過剰規制を縮小し、方針2で起こった規制・要求への独自上乗せ分を圧縮しようとするやり方です。

【図12】　共通規範／ルールの水準（方針3）

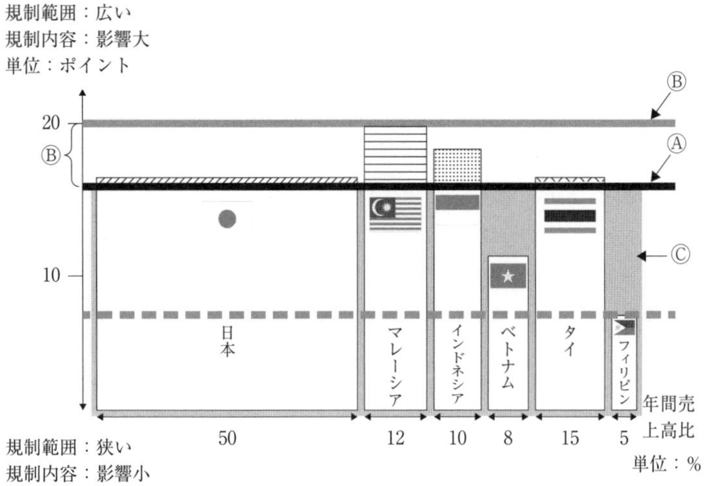

規制範囲：広い
規制内容：影響大
単位：ポイント

この方針3の問題点は、方針1、方針2の問題点と考えられる点を縮小しようとした結果、過剰規制が残り、また非効率な遂行体制やブラックボックス問題も完全に解消はできない、といういわば完全ではないが許容できる着地点を指向した水準である点です。

(7)　**第7段階──適正な共通規範／ルールの水準の決定**

第6段階で示した3つの方針を手がかりとして、共通規範／ルールを決定します。方針1、方針2、方針3には、それぞれメリット・デメリットがあります。また、3つしか選択肢の可能性がないわけではなく、方針1と方針3の中間、方針2と方針3の中間という水準もとり得ます。ただ、この中間水準を設定する場合、また方針3でもそうですが、各国ごとの較差が大きい場合には、上記手順で導き出した均衡水準がどの国の規制とも異なった折衷的な内容になってしまい、共通規範／ルールとしてどの国のルールとも似ても似つかない収まりの悪いレベルが導き出されてしまう可能性がある

70

点です。最終段階として、共通規範／ルールを決定する際には、均衡水準や中間点に最も近い、しかし「実在する」国の法令や規制をベースとして導き出すことをお勧めします。

　この点は、方針1では通常最も規制の厳しい国、方針2では最も規制の緩やかな国をベースとすることになると考えられますが、あまりに特殊な内容の規制、あまりに重要な規制の欠如は共通規範／ルールとしてはふさわしくないということが起こり得ます。共通規範／ルールが海外拠点で抵抗なく受け入れてもらうためには、「グローバルスタンダード」としての「ユニバーサル（普遍）性」も求められます。

3　1階部分とリスク

　ここで1階部分の設定に際して、リスクとの関連に触れておきます。

　本事例のように贈賄リスクに関していえば、第1部で紹介しました国際NGOトランスペアレンシー・インターナショナル（国際透明性機構）が毎年公開している国別贈賄リスク指標CPI（Corruption Perceptions Index：腐敗認識指数）が国別のリスクを示す指標となっています。これは、世界中のビジネスマンと国家の分析専門家を対象にしたアンケート調査結果を統計処理したもので、本事例の本社および支店所在地の日本および進出先の東南アジア5か国における2019年のCPI（100点満点。ポイントが高いほど贈賄リスクが低い）と世界180か国中の順位は次のとおりでした。

- ・日本　　　　　　73ポイント　　　20位
- ・マレーシア　　　53ポイント　　　51位
- ・インドネシア　　40ポイント　　　85位
- ・ベトナム　　　　37ポイント　　　96位

　　・タイ　　　　　　　36ポイント　　　101位

　　・フィリピン　　　　34ポイント　　　113位

　つまり、本事例について取り上げるとすれば、日本、マレーシアといったリスクの比較的低い国と、タイ、フィリピンのようなリスクの比較的高い国をまとめて1つの共通規範／ルールで統治すべきかどうか、という観点について、企業としての方針・意思をまず決めるべきであるということです。

　この話はアジアだけでなく欧米、中国にも海外進出している多拠点企業では、より複雑な状況になります。贈賄リスクが高いとされている国に所在している海外拠点では贈賄の問題についてもともと警戒レベルが高く、注意が行き届いている一方で、贈賄リスクが低いとされている国に所在している海外拠点では、油断して従業員の警戒レベルも低く、注意が払われていない、などという、どちらがよりリスキーなのか迷うような状態が起こっている可能性もあります。上記CPIの示すリスクは、その国の社会における平均的な状態をみた場合の本来リスク・自然体リスクです。

　これまで論じてきたコンプライアンス活動は本来リスク・自然体リスクを低減するための策を講じたうえで、さらに残る「残余リスク」が顕在化して、現実のコンプライアンス事件にならないようにどうやってリスクを抑え込むかというためのものです。第1部では、そのための4つの手法（①回避、②転嫁、③低減、④受容）について紹介しました。

　第1章でも述べましたが、コンプライアンス活動において目標は常に100点におき、コンプライアンス上の問題を起こさないこと、潜在的リスクを顕在化させないこと、合格点はこれしかありません。しかし、そのために行う活動について、現状の海外拠点ごとの水準を冷静に評価したうえで、活動そのものの目標水準は達成可能性と

の兼ね合いも考慮して掲げるべきと考えます。ここまで説明してきた共通規範／ルールを、到達したいゴール（最終目標）を提示するものと位置づけるのか、それとも現状からみて実現に手の届くマイルストーン（一里塚）として、徐々に完成に近づけ、熟成を図っていくものと位置づけるのかは、経営者の意思によって決定すべき基本方針であると考えます。

Ⅱ　2階部分の意義と必要性

1　2階部分の意義

　1階部分の次は2階部分です。2階部分は、新たに設定するというよりは、1階部分の第2段階（海外拠点が事業活動を行う際に国から受ける規制内容の把握と項目別の分類）を行う過程で日本側の企業本社が主導的立場に立って、海外には適用しない日本独自の項目を選定し、2階部分として位置づけるものです。

　【図13】の太枠で囲んだ箇所が2階部分に該当します。これで示すとおり、2階部分とは、実は海外拠点からみれば「自国では非該当」という領域であり、図では海外拠点における規範／ルールに含まれているかのように見えますが、中身は「非該当」ですので、

【図13】　3階建て規範／ルール方式（2階部分）

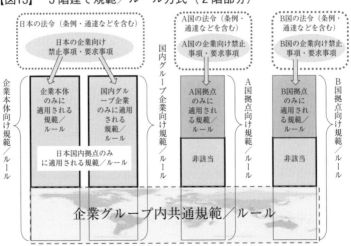

空（カラ）です。いうまでもありませんが、日本の拠点にとっては2階部分は法令等の規制内容の重要な構成部分です。また日本では1階部分、2階部分のみで、3階部分はありません。1階部分、2階部分が両方合わさって、日本における規範／ルールが完成することになります。

2　2階部分の必要性

　ではなぜ、このような海外拠点にとっては適用されない部分を「2階部分」と称してわざわざ取り上げて扱うことが必要なのでしょうか。その理由は以下のとおりです。

(1)　見えない部分の管理はできない

　物事を管理して判断するという際に、見えているものが、同じか／異なっているか、正しいか／誤っているか、必要か／不要か、足りているか／不足しているかを確認することを、誰が（どの部署が）行うのが一番効率的で、間違いがないでしょうか。その答えは、管理する対象の中身を見ることができる、内容を熟知している部門が行うというのが一番効率的で、間違いがないということは自明の理です。2階部分とは、「海外では適用されない日本独自の項目」であると述べました。この部分を効率的に、間違いなく管理できるのは日本にある拠点、それも企業本社しかあり得ません。

(2)　1階部分と3階部分の境界を正確に把握するために

　3階建て規範／ルール方式を導入し、正しく運用していく総括責任部署はどこでしょうか。それも当然、日本にある企業本社です。2階部分を2階部分として1階部分から切り離すか、企業グループ内共通規範／ルールであると位置づけて、1階建てに含めてしまうかの境界線の判断は、当然1階建て部分を設定する日本の本社が行う、正確にいうと1階部分が設定されれば引き算で残りの部分が2

階部分になる、ということになります。つまり２階部分の設定に個別判断を要する点は実質的には１階部分と２階部分との間の境界ではなく、２階部分と３階部分との間の境界なのです。

　【図１】【図６】【図13】などの３階建て規範／ルール方式の概念図では日本・Ａ国・Ｂ国の規制水準を見かけ上、揃えていますが、実際には規制水準の厳格な国、緩やかな国があります。日本よりも緩やかなＡ国、日本よりも規制が厳しいＢ国においてこの２階部分を日本の企業本体（本社）主体で把握し、該当・非該当の峻別を正しく行うことで、海外拠点が３階部分の把握を過不足なく正確に行うことができるというのが２階部分を切り出して扱う理由です。規範／ルールの全体から１階部分、２階部分の引き算を正しく行えば残りも自動的に正しくなりますが、引き算を間違えると残りは決して正しくなりません。

Ⅲ　3階部分の意義と設定方法

1　3階部分の意義

　3階部分は、海外拠点が事業活動を行う際に、進出先の国の法令等から受ける規制内容の把握と項目別の分類を行って設定するものです。この規制内容の把握の対象範囲は1階部分の適正な水準の決定に関する手順の第2段階（本章Ⅰ2⑵参照）で行う情報収集と同様、規制内容のうち企業が受ける規制、法的に要求される事項を自らの拠点で行っている事業内容に照らし合わせて、課される事項に限定し、その範囲に絞って差し支えありません。

　たとえば、「法人」に対する規制、法的に要求される事項は進出形態が駐在員事務所や海外支社であれば適用されない事項です。規制や義務に直結しない法律の条項まで念のためなどといってカバーしていては、企業にとって無関係な項目までが含まれ、無駄な負担が生じてしまいます。ただし、1階部分の適正な水準の決定の手順の第2段階と同様、将来に進出形態が変更されたり、事業内容が変わったりすると項目別の分類を改定する必要が生じる点は留意が必要です。

　ここで3階部分の実例を紹介します。独占禁止法／競争法は販売活動にかかわる企業においては、コンプライアンスの面で最も注意が必要な法規制の1つですが、日本（独占禁止法）・中国（中華人民共和国独占禁止法）・韓国（公正取引法）・台湾（公平交易法）における各国の規制内容を比較すると〔表6〕のとおりです。中国・韓国・台湾の拠点においてはこれらの各国法令に準拠した規範／ルールをどう設定するかという点が問題になるわけです。

〔表6〕　3階部分の比較（日本・中国・韓国・台湾）

国名	規制の概要（※1）		リニエンシー、時効、確約制度
	カルテルに関する規制	その他の規制	
日本	**私的独占** ①排除型私的独占（事業者が単独または他の事業者と共同して、不当な低価格販売などの手段を用いて、競争相手を市場から排除したり、新規参入者を妨害して市場を独占しようとする行為）、②支配型私的独占（事業者が単独又は他の事業者と共同して、株式取得などにより他の事業者の事業活動に制約を与えて、市場を支配しようとする行為） **カルテル（不当な取引制限）** ①カルテル（事業者または業界団体の構成事業者が相互に連絡をとり合い本来各事業者が自主的に決めるべき商品の価格や販売・生産数量などを共同で取り決める行為）、②入札談合（国や地方公共団体などの公共工事や物品の公共調達に関する入札に際し事前に受注事業者や受注金額などを決めてしまう行為）	**不公正な取引方法（垂直的制限）の禁止** ①共同ボイコット、②不当廉売、③再販売価格の拘束、④拘束条件付取引、⑤優越的地位の濫用、⑥競争者に対する取引妨害、⑦一般指定（取引拒絶、排他条件付取引、ぎまん的顧客誘引、不当廉売） **事業者団体の規制** **企業結合の規制** **独占的状態の規制** **下請法に基づく規制**	**リニエンシー** カルテル（不当な取引制限）に対し、調査開始前：1位＝課徴金全額免除（刑事告発除外）、2位＝課徴金20%減額、3位〜5位＝課徴金10%減額、6位以下＝課徴金5%減額、調査開始後：最大3社＝課徴金10%減額、それ以下＝課徴金5%減額 **時効** 課徴金納付命令の除斥期間7年 **調査協力減算制度** **確約制度** 入札談合、価格カルテルのハードコアカルテル、違反被疑行為過去10年以内に繰り返し違反、刑事告発相当以外につき公正取引委員会と事業者との間の合意により解決

78

中国	カルテル（独占的協定）	垂直的取引制限（独占的協定）	リニエンシー
	カルテル（独占的協定） 合意や決定は書面のみならず口頭のものも含むが、仮に合意や決定がない場合でも事業者間に一致する行為があり、かつ、意思の連絡または情報交換が行われた場合には「その他の協調行為」があったものとみなされる（①販売価格の固定・変更、②生産数量、販売数量の制限、③販売市場、原材料調達市場の分割、④新技術・新設備の購入の制限、⑤新技術・新製品の開発の制限、⑥共同の取引拒絶）	**垂直的取引制限（独占的協定）** 合意や決定の扱いはカルテルの場合と同様（①再販売価格の固定、②再販売最低価格の設定） **市場支配的地位の濫用**（※2） ①不公平な高価格で販売または不公平な低価格で購入すること、②正当な理由なく原価を下回る価格で販売すること、③正当な理由なく取引先に対して取引を拒絶すること、④正当な理由なく取引先に排他条件付取引または拘束条件付取引を課すこと、⑤正当な理由なく商品の抱き合わせ販売または不合理な取引条件を付加すること、⑥正当な理由なく取引条件における差別的待遇を行うこと）	**リニエンシー** カルテル・垂直的取引制限に対し、1位制裁金全額免除、2位・3位国家工商行政管理総局は制裁金減額、国家発展改革委員会は制裁金50%以上減額 **時効** なし（独占禁止法違反を理由とする損害賠償請求訴訟2） **確約制度** 類似した調査の中止決定あり
韓国	**カルテル（不当な共同行為の禁止）** ①価格の決定、維持または変更、②商品・役務の取引条件、代金または代金の支給条件を定める、③商品の生産、出荷・輸送・取引または役務の取引を制限、④取引地域、取引の相手方制限、⑤商品の生産・役務提供のための設備の新設、増設また	**市場支配的地位の濫用**（※3） ①価格の不当な決定、維持または変更、②・商品・役務の販売または提供の不当な調節、③他の事業者の事業活動への不当な妨害、④競争事業者の新規参入の不当な妨害、⑤競争事業者の不当な排除 **不公正な取引方法**	**リニエンシー** カルテルに対し、1位＝課徴金全額免除（刑事告発除外）、2位＝課徴金50%免除 **リニエンシープラス** （あるカルテル事件（本件）の調査対象事業者が他のカルテル事件（別件）についてリニエンシー1位で申請した場合、別件について課徴金

79

	は装備の導入妨害または制限、⑥商品・役務の生産・取引にあたりその商品・役務の種類・規格の制限、⑦営業の主要部分を共同して遂行・管理するための会社設立、⑧入札・競売における落札者・入札価格・落札価格等の決定、⑨そのほか他の事業者の事業活動・事業内容を妨害または制限し関連市場における競争の実質的な制限	（系列会社、他の事業者に行わせる行為を含む）①取引拒絶、差別的取扱い、②不当な競争事業者の排除（不当廉売、不当高価購入）、③不当に競争事業者の顧客を自己と取引するよう誘引または強制、④自己の取引上の地位を不当に利用した相手方との取引、⑤取引の相手方の事業活動を不当に拘束する条件での取引または他の事業者の事業活動の妨害行為、⑥特殊関係人、他の事業者に対する不当な仮支給金、貸与金、人材、不動産、有価証券、商品、役務、無体財産権等の提供または著しく有利な条件での取引による特殊関係人・他の事業者の支援 **再販売価格維持行為** ただし商品・役務を一定の価格以上で取引できないようにする最高価格維持行為であって正当な理由がある場合はこの限りでない	が全額免除されるとともに、本件についても課徴金の免除または減額を受けられる制度。リニエンシー申請者以外の違反者でも当局のカルテル調査に協力した場合に裁量的に課徴金が最高30％まで減額される余地がある） **時効** 違反から 7 年、調査回避から 5 年 **確約制度** 類似した同意議決制度あり
台湾	**カルテル（共同行為）** 契約、協定その他の合意によって他の競争事業者と共同して商品・役務の価格を決定し、または数量、技術、製品、設備、取引の相手	**再販売価格維持行為** **垂直的取引制限** 規制なし **不公正競争阻害行為** ①間接ボイコット、②正当な理由のない差別的取扱い、③低	**リニエンシー** カルテルに対し、 1 位＝制裁金全額免除（調査開始前）、制裁金30〜50％減額（調査開始後）、 2 位＝制裁金20〜30％減額

方、販売地域等を制限して相互に事業活動を拘束する行為	価格での顧客誘引その他不正な手段により競争事業者の参入や競争を妨害する行為、④脅迫、利益誘導、その他不当な方法により他の事業者を競争制限的行為に参加するよう促す行為、⑤拘束条件付取引 **市場支配的地位の濫用** 独占事業者（※4）による、①不公正な方法による競争者の市場参入妨害、②商品・役務の大家の不当な決定・維持・変更、③自己に有利な取引の強要、④その他市場支配的地位の濫用 **その他** 不当表示、他の商品または役務と誤認させる行為、不当な景品類の提供、不実情報の告知・流布、欺瞞的または著しく不公正な行為の禁止	（調査開始後）、3位＝制裁金10〜20%減額（調査開始後）、4位＝制裁金10%以下減額（調査開始後） **時効** 違反から5年 **確約制度** 類似した調査中止制度あり

※1　域外適用：いずれの国でも国外での違反に適用事例あり。
※2　市場支配的地位の判断基準は、①1つの事業者の市場シェアが2分の1以上、②2つの事業者全体の市場シェアが3分の2以上、③3つの事業者全体の市場シェアが4分の3以上（②③のうち、市場シェアが10%に満たない事業者（単体）は市場支配的地位を有すると推定されない）。
※3　市場支配的地位の判断基準は、①市場シェアが50%以上の事業者、②市場シェア上位3社の合計が75%以上である場合の各事業者（ただし、市場シェアが10%に満たない事業者（単体）は除く）、③当該市場における年間の売上高または購入額が40億ウォン未満の事業者は除く。
※4　独占事業者の判断基準は、①1つの事業者の市場シェアが2分の1以上、②2つの事業者全体の市場シェアが3分の2以上、③3つの事業者全体の市場シェアが4分の3以上（ただし市場シェアが10分の1または最終会計年度の売上高）。

2　3階部分の例

　第2章Ⅱ3(2)で例示した独占禁止法遵守マニュアルを再度ここで取り上げます。網かけした部分が2階部分（日本独自）の箇所、この部分を各国向けの内容に入れ替えるとその部分が3階部分（各国独自）の箇所となります。一見あまり国ごとに大きな差がないようにもみえますが、法令の条文だけではなく、各国の判例、摘発事例と当局の判断まで立ち入った分析を行う必要がありますので注意が必要です。また、過去に当該国で摘発事例が存在していないからといって100％安心できるというものでもなく、独占禁止法／競争法の禁止内容、規制内容は2階部分・3階部分の各国の独自性を強調するよりも、むしろ安全策をとって1階部分を広く押さえる、あるいはいっそのこと「共通規範／ルール方式」をとるほうがなじみやすい分野であるともいえるでしょう。

> 　1　経営者のメッセージ
> 　・法令遵守の明確な決意表明
> 　・法令遵守の意義とその違反がもたらす結果

〔ポイント〕

　経営トップが法令遵守の意志を明らかにし、マニュアル作成の意図を説明します。また、独占禁止法の遵守が企業の存続にとって必要不可欠なものであることを経営方針として意思表明し、これを遵守することの必要性を明確にします。

〔違反がもたらす結果の例〕

　　社会的信用の失墜

　　課徴金・損害賠償請求などによる経済的損失

指名停止・営業停止などによる事業損失　など

2　独占禁止法の概要
　・独占禁止法の目的、しくみ
　・独占禁止法の禁止事項

　〔独占禁止法の目的〕
　　一般消費者の利益確保
　　国民経済の民主的で健全な発達
　　自由経済社会における公正かつ自由な競争の促進　など
　〔独占禁止法の禁止事項〕
　　私的独占
　　不当な取引制限（カルテル、入札談合）
　　事業者団体の規制
　　企業結合の規制
　　独占的状態の規制
　　不公正な取引方法の禁止
　　下請法に基づく規制　など

3　独占禁止法を踏まえた行動基準
　・カルテル、入札談合の関係で行ってはならないこと
　・不公正な取引方法の関係で行ってはならないこと

〔ポイント〕
　企業の業務内容や業態に照らして、行ってはならないことを選択し、具体的に日常業務での行動規範を示します。

83

①　私的独占　　事業者が単独または他の事業者と手を組み、不当な低価格販売、差別価格による販売などの手段を用いて、競争相手を市場から排除したり、新規参入者を妨害して市場を独占したりすること

②　カルテル　　事業者が単独または他の事業者と手を組み、不当な低価格販売、差別価格による販売などの手段を用いて、競争相手を市場から排除したり、新規参入者を妨害して市場を独占したりすること

③　入札談合　　国や地方公共団体などの公共工事や物品の公共調達に関する入札の際、入札に参加する事業者たちが事前に相談して、受注事業者や受注金額などを決めてしまうこと

④　国際カルテル　　国内の事業者がカルテルなどを内容として、海外の事業者と国際的協定を結ぶこと（例：国内の事業者と海外の事業者の間でそれぞれの商品をお互いの国に輸出しないという市場分割協定）

⑤　取引拒絶　　複数の事業者が共同で特定の事業者との取引を拒絶したり、第三者に特定の事業者との取引を拒絶させたりすること（例：ⓐ新規事業者の開業を妨害するため、原材料メーカーに新規事業者への商品供給をしないよう共同で申し入れる場合、ⓑ小売店に販売価格を指示して守らせるなど、独占禁止法上の違法行為の実効を確保するために、事業者が単独で取引拒絶を行うような場合）

⑥　差別対価・差別取扱い　　取引先や販売地域によって、商品やサービスの対価に不当に著しい差をつけた

り、その他の取引条件で差別すること（例：有力な事業者が競争相手を排除する目的で、競争相手の取引先に対してのみ廉売をして顧客を奪ったり、競争相手と競合する地域でのみ過剰なダンピングを行ったりする行為）

⑦　不当廉売　　商品を不当に低い価格（例：総販売原価を大幅に下回るような価格）で、継続して販売し、他の事業者の事業活動を困難にさせること（例外：公正な競争手段としての安売り、キズ物・季節商品等の処分等正当な理由がある場合は、違法とはなりません）

⑧　再販売価格の拘束　　ⓐ指定した価格で販売しない小売業者等に経済上の不利益を課したり、出荷を停止したりするなどして小売業者等に自社の商品を指定した価格で販売させること、ⓑ指定した価格で販売することを小売業者等と合意して、自社の商品を指定した価格で販売させること（例外：書籍、雑誌、新聞、音楽用CDなどの著作物）

⑨　優越的地位の濫用　　取引上優越的地位にある事業者が、取引先に対して不当に不利益を与えること（例：発注元の一方的な都合による押し付け販売、返品、従業員派遣要請、協賛金の負担要請）

⑩　抱き合わせ販売　　商品やサービスを販売する際に、不当に他の商品やサービスをいっしょに購入させること（例：人気の商品と売れ残りの不人気商品をセットで販売し、買い手が不必要な商品を買わざるを得ない状況にするような行為）

⑪　排他条件付取引　　自社が供給する商品のみを取り扱い、競合関係にある商品を取り扱わないことを条件

として取引を行って、不当に競争相手の取引の機会や
流通経路を奪ったり、新規参入を妨げること

⑫　拘束条件付取引　　取引相手の事業活動を不当に拘
束するような条件を付けた取引（例：テリトリー制に
よって販売地域を制限したり、安売表示を禁じたりするな
ど、販売地域や販売方法などを不当に拘束するような場合）

⑬　競争者に対する取引妨害　　事業活動に必要な契約
の成立を阻止したり、契約不履行へと誘引する行為を
行ったりするなどして、競争者の事業活動を不当に妨
害すること（例：海外ブランド品などの輸入総代理店が
国内での価格を維持するために海外の出荷元に対して国内
における他の輸入業者との取引中止を求めるような場合）

⑭　不当顧客誘引　　自社の商品・サービスが実際より、
あるいは競争相手のものよりも著しく優良・有利であ
るように見せかける虚偽・誇大な表示や広告で不当に
顧客を誘引したり、過大な景品を付けて商品を販売し
たりすること

⑮　不当高価購入　　競争相手を妨害することを目的に、
競争相手が必要としている物品を市場価格を著しく上
回る価格で購入し、入手困難にさせるような行為
（例：競争相手の製品に不可欠な原材料などを高価な価格
で買い占める場合）

⑯　競争会社に対する内部干渉　　ある事業者が、競合
関係にある会社の株主や役員にその会社の不利益にな
る行為を行うよう不当に誘引したり、そそのかしたり
すること

4　禁止行為に関する Q&A

〔ポイント〕

　上記 3（行動基準）を補足し、理解を深めてもらうため、必要に応じ、Q&A を作成します。

5　独占禁止法違反に対するペナルティ

〔独占禁止法違反に対するペナルティ〕

　独占禁止法に基づく行政処分

　　排除措置命令

　　課徴金納付命令

　刑事罰

　監督処分（営業停止処分等）

　指名停止、一般競争入札への参加資格の停止

　違約金、損害賠償請求　など

6　相談窓口、通報窓口について

〔ポイント〕

　判断が難しい事案の相談や法令違反が疑われる事実、情報に接したときの窓口を明らかにしておきます。

7　教育について

〔ポイント〕

　独占禁止法の教育を、どういう範囲の職務に従事する従業員に対してどういう頻度で行うかなどの教育・注意喚起活動の枠組みを示します。

87

```
8　点検・モニタリングについて
```

〔ポイント〕

　独占禁止法を遵守しているかどうかを社内で点検し、その実態をモニタリングする活動について枠組みを示します。

　ただし、注目すべきは時効で、これは独占禁止法／競争法の違反嫌疑をかけられたときに反証を示して当局に潔白を証明するために不可欠な関係書類の保管期限に直結するため、実務的には重要な項目になります。「リテンション」というのですが、文書情報管理では文書データなどの保存期間のことを指します。一般的に、企業や行政の文書または文書データの保存期間は法律や各企業の文書管理規定で決められていますが、たとえば、1年、5年、10年、30年、永久保存など、この規定に沿った保管／廃却管理がなされます。これらの管理は、保存期間中は確実に保管し、保存期間を過ぎたら不要情報を溜め込まないしくみとしての廃棄はコンプライアンスの観点からも重要です。

3　3階部分の設定につき海外拠点に任せてよい部分と任せてはいけない部分

　基本的に3階部分の設定を行う主体は海外拠点であって、本社ではありません。ただし、海外拠点側の情報収集能力が十分でない場合には本社が支援または代行したり、または必要に応じて外部専門家の力を借りたりする必要があるかもしれません。ただ、本社が3階部分の内容に口出しする場面はあまり生じることなく、運営を任せることが海外拠点側に運用の主体性をもたせる意味でも望ましいと考えます。

　しかし、任せてはいけない部分、というのがあります。それは制度構築にかかわる部分での独自運営です。特に独自の上乗せ、規制強化、適用範囲の拡張方向での変更は事前相談があれば許容してもよいのですが、海外拠点独自の判断による無断での内容の省略、適用範囲の縮小を伴う変更を許してはいけません。

Ⅳ　企業本体（本社）・海外拠点間での
役割分担と連携体制

　これまで説明してきた1階部分、2階部分は基本的に企業本体（本社）が主体となって取り組むべきものでした。ところが、この段階に至って初めて3階部分に海外拠点が主体的参画者として加わります。そこで〔表7〕に示すような役割分担について本社と海外拠点がともに共通認識をもっておくことが、お互いのポテンヒットを防ぐ意味からも必要になります。さらに、従業員に対して行う、また従業員を巻き込んで行う太枠で囲った部分は、あえて1階部分、2階部分、3階部分を分割せず、一体として扱うほうがよいと思われます。

　この3階建て規範／ルール方式の全体像を導入し、正しく運用し

〔表7〕　企業本体（本社）・海外拠点間での役割分担（例）

役割	1階部分	2階部分	3階部分
規制情報の収集	本社・拠点	本社	拠点
基準検討	本社	本社	拠点
具体的設定	本社	本社	拠点
導入・概念説明	本社	本社	本社が拠点に説明
従業員への周知	拠点	―	拠点
教育	拠点	―	拠点
運用状況点検	拠点／第三者部門	―	拠点／第三者部門
更新・最新化	本社	本社	拠点
改善・向上	本社	本社	拠点

ていく総括責任部署は当然、日本にある企業本体（本社）です。責
任まで拠点に分担させるということは望ましくありません。本方式
の導入、初期設定に際してコンセプトの周知を図る活動は企業本体
（本社）主体で行うべきものです。その際に分担や権限の範囲を、
明確にしておくことは重要なポイントです。

V　域外適用の問題

　海外拠点には拠点の所在国の法令が適用されるというのが大原則です。しかし、所在国以外の第三国の法令が適用されることがあります。これは外国法の域外適用といわれる事象です。つまり、企業グループのどこか一部門が、米国、英国、EU、中国などと事業や取引があると、拠点の有無にかかわらず、その相手先国の法令が適用されることがあるということです。

　日本は独立した国家です。拠点の所在国も独立した国家です。国家は国際社会の基本単位であり、主権をお互いに主張することで国際社会は成り立っています。では、なぜ日本国内や拠点の所在国での活動に米国、英国、EU、中国などの第三国の外国法が適用される場合があるのでしょうか。その理由は国際法によって認められた国家の管轄権の考え方にあるのです。国家が管轄権を行使する根拠として、伝統的な国際法では、次の原則が認められています。

① 属地主義　　行為者の国籍を問わず犯罪地が自国領域内である場合に限って自国の法を適用する

② 積極的属人主義　　自国民により行われた犯罪に対しては犯罪地を問わず自国の法を適用する

③ 消極的属人主義　　自国民に対して行われた犯罪に対しては犯罪地を問わず自国の法を適用する

④ 保護主義　　自国または自国民の法益を侵害する犯罪に対しては犯罪地や行為者の国籍を問わず自国の法を適用する

⑤ 普遍主義　　国外で外国人が行った犯罪に対しても管轄権を有する（国際法では戦争犯罪、海賊行為、ハイジャックおよび国際テロのような国際社会全体に脅威を与えかつすべての国家の犯罪と

なる重大な犯罪に対する管轄権を許容している）

　これらにより、外国の法令が日本や進出先の国における行為に適用されることになるわけです。この域外適用のある法律の要件に該当する場合、拠点の所在国それぞれの自国の法令等だけを気にしていても十分ではなく、企業全体が域外適用のある外国の法律の適用要件に該当するか否かを判断し、該当する場合には1階部分に加えておく必要があるわけです。1階部分設定の事例として取り上げた贈賄に関する規範／ルールの場合でいえば、1階部分の適正な水準の決定の手順の第1段階における、米国に海外子会社を所有しているか、また英国のどこかで事業の一部を行っているか、という事前の確認（本章Ⅰ2⑴⑥参照）は、ここで述べた「域外適用のある外国の法律の適用要件に該当するか否かの判断」に相当します。また、先に取り上げた独占禁止法／競争法の事例においては日本・中国・韓国・台湾いずれの国でも、自国外で行われた違反行為が、自国市場において競争制限効果をもたらしたという当局の認定に基づき、各国法を域外適用した例がみられます。つまり、これらの事例でも域外適用に留意した規範／ルールの構築が必要となるわけです。

第4章　4ステップで進める コンプライアンス活動

　海外進出企業にとってコンプライアンスが大きなリスク項目の1つであることは間違いありません。そして、その対策としてのコンプライアンス活動の根幹をなす「規範／ルールの設定」において、従来型の「共通規範／ルール方式」、「独自規範／ルール方式」「使い分け方式」と比較しながら、「3階建て規範／ルール方式」について第3章で説明してきました。第4章ではいよいよ導入、実行段階で何をすべきなのかについて実務に即した事例をあげながら説明していきます。

　「4ステップで進める」とありますので、読者の皆さんはPDCAサイクルのことか、あるいは、アメリカ空軍のジョン・ボイド大佐により提唱され、昨今新たにビジネスやさまざまな分野で有効とされている「OODAループ」、すなわちObserve（観察）、Orient（状

【図14】　コンプライアンス活動の4ステップの流れ

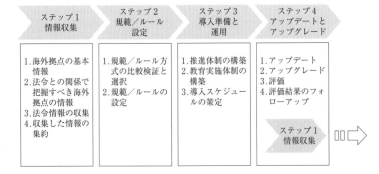

況判断、方針決定）、Decide（意思決定）、Act（行動）のことかと思われたかもしれません。どちらでもありません。私が海外進出企業のコンプライアンスについて提唱する〔2－3－4メソッド〕の「4」とは【図14】に示すような4ステップです。

　ステップ4で完了するように見えますが、実は維持向上には「必要な関連情報の『再』収集」や「最新化」を含んでおり、ステップ4にぶらさがる形で2巡目のステップ1がスタートします。1巡目で大きな問題が起こらない限り、通常の場合は2巡目の4ステップは、1巡目に比べてその活動に費やす時間やリソースは小さなもので済むはずです。しかし、そのことは改善の幅も小さくなっていることを意味しません。「悪魔は細部に宿る」という警句がありますが、小さな見直しが大きな問題を未然に防ぐことも往々にしてありますので、大事なことは「これで完成だ」などと満足せず、常に最新化、常に維持向上という気持をもち続けることだと思います。「コンプライアンスに終わりなし」で、サイクルが回るごとに水準がスパイラル的に向上されていきます。

　以下、ステップごとに具体例を交えて解説します。

I　ステップ1──情報収集

コンプライアンス活動に必要な関連情報の収集ですが、「コンプライアンス」と一口で言っても法律の数は数えきれないほどあります。収集する情報はあくまで、関連する法令、関連する規制、関連する法的な要求事項であって、無関係な情報、適用されない情報をいくら集めても役に立ちません。法律の勉強の手引きをするのではありません。コンプライアンス上、押さえておくべき情報、関連する情報をいかに効率的に収集するか、という実務的側面に焦点をあてて、その手順を説明します。

1　海外拠点の基本情報

まず第1に、正確な把握が必要な項目は、海外拠点の事業活動の内容や進出形態などの基本情報です。「己を知る」ことから始まる、というのはコンプライアンスも同じです。

① 業態は製造か、販売か、工事か、サービスか
② 業務の内容は何を扱っているか
③ 進出形態は、駐在員事務所、海外支店、海外現地法人、海外現地パートナーのどれか
④ 進出時期はいつか、進出後形態を変えているか
⑤ 会社の規模（法人の場合、資本金はいくらか、出資関係はどうなっているか、従業員は何人か、売上高はいくらか）
⑥ どういう顧客と取引しているか

2　法令との関係で把握すべき海外拠点の情報

ここで進出先の国の法令が問題となります。第3章で取り上げた

東南アジアに進出している商社における贈賄リスクの事例では、次の6点を確認したことを思い出してください。

① 進出形態（駐在員事務所／海外支店／海外現地法人／海外現地パートナー）

② 取引先（官公庁／民間／両方）

③ 進出先国以外の外国人公務員との接触機会の有無

④ 各国からの輸出の有無と輸出先

⑤ 販売形態における代理店、特約店などの仲介販売者の有無

⑥ 進出先国以外に企業グループが米国に海外子会社を所有しているか、また英国のどこかで事業の一部を行っているか

　このように、進出先の国の法令が、海外拠点の事業活動に規制を与えるのかどうか、海外拠点に何かの要求を行っているのかどうか、これが「法令との関係」ということにほかなりません。

3　法令情報の収集

⑴　法令の範囲

　情報収集する法令の範囲ですが、いわゆる「法律」だけでは足りない場合もあります。米国における州法、中国における行政法規（条例）、地方法規（省条例）などがその代表で、それらは連邦、中央政府の法令に優先して当該地域で適用されるため、見逃がすことはできません。

⑵　必要な情報と不要な情報の選別

　繰り返し申し上げていますが、この段階で必要な情報は進出先の国において企業が受ける規制、法令で要求される事項の範囲や適用条件を第1段階で確認した現時点で海外拠点が行っている事業範囲に照らし合わせて該当するものに限定し、現時点で無関係なものは、将来の最新化、見直しの結果、必要になった時点で追加することと

97

し、現時点では関係あるものに絞って差し支えありません。

(3)　情報収集の実施主体

収集すべき情報、特に法令関係の情報収集はどの部門がどういう方法で行うべきなのでしょうか。これについては、企業内、海外拠点の法務関係業務体制の配置状況に左右されると思います。もしも、海外拠点に現地法務に精通した法務アドバイザーや顧問弁護士がいるなら依頼してもよいでしょう。そういう外部パワーが活用できないならば、企業本体（本社）側で代行または支援して調査することになります。

4　収集した情報の集約

収集した情報について、その後のステップで集約、整理・統合、比較・検証が必要になるため、収集した情報の言語を統一して集約することは実務的に重要です。現状においては、統一言語は英語または企業本体（本社）の公用言語、すなわち本書の場合は日本企業が対象なので日本語が第二候補となるでしょう。

Ⅱ　ステップ2──規範／ルール設定

　海外進出企業における4ステップのコンプライアンス活動において一番悩ましいのがこのステップだろうと思います。この設定については第3章で「共通規範／ルール方式」「独自規範／ルール方式」「使い分け方式」「3階建て規範／ルール方式」についてそれぞれの方式を比較検証しました。ここでは主要な規範／ルールにどの方式が最も合致するか、という選択基準について考えてみました。

　単純化して考えると、選択基準は次のとおりになると考えます。

　日本／海外拠点の所在国において、それぞれの拠点に求められる法令の規制、要求事項や義務が、
① 　大きく異なっており、全く共通部分がないとき、または規制、要求事項、義務が特定の国のみにしか存在しないとき→独自規範／ルール方式
② 　異なる部分と共通部分がどちらもあり、異なる部分の割合が多いとき→3階建て規範／ルール方式
③ 　ほとんどすべての項目が共通で、異なる部分がほとんどないとき→共通規範／ルール方式
④ 　企業グループ内の拠点のうち、ほとんどすべての項目が共通の拠点と異なる部分の割合の多い拠点が混在しているとき→使い分け方式

　「単純化」の意味は、デジタルに「割合が何％以上」「共通項目が何％以上」などという数値判断がつかないグレーゾーンを捨象しているということです。

　なお、この問題については、第4部（〔2−3−4メソッド〕の可能性と限界を知る）にて掘り下げて検討していますので、そちらもご参照ください。

　ここで3階建て規範／ルール方式の設定において、やや複雑な適用事例として、日本に企業本体（本社）、支社があり、米国、英国、中国、インドに現地法人を設立して進出し、日本および4カ国でBtoC製品の製造・卸売販売を行っている製造業を取り上げます。

　この事例についても第3章のアジア5か国に進出し、日本および5か国で商品の販売を行っている商社の事例同様に、1階部分につき7段階の設定手順に沿って、海外進出に伴い発生する個人情報保護リスクに対して、この事例における企業グループ内共通の規範／ルールの適正な水準を導き出します。

1　各段階における具体策

⑴　第1段階──海外拠点の事業活動の内容・体制の明確化

　この段階はすでに4か国に進出して、それぞれの国の現地法人が事業を行っているので、現状を確認することで足ります。明確化すべきポイントは個人情報保護の場合、次の①〜⑤の5点です。これらに対する本事例の現状は以下の「→」のとおりです。

①　進出形態（駐在員事務所／海外支店／海外現地法人／海外現地パートナー）→4か国すべて海外現地法人である

②　取り扱う個人情報の種類→進出先で製造拠点をもち、現地での販売を行うために必要な製造部品・材料の調達先業者、卸売販売の仲介業者などの氏名、電話番号、メールアドレスなどの個人情報を保有している（なお、調達先会社・仲介会社の所在地は保有するが、業者個人の住所は保有しない）

③　個人情報の収集方法・保有方法→調達先業者、販売仲介業者

の情報は名刺などで収集し、企業の各拠点のサーバー上に保管
している

④　電子商取引など個人情報をインターネット上で扱う販売形態
を導入しているか→導入している

⑤　卸売業者の顧客情報、電子商取引などで収集した顧客情報を
企業全体で集約し、マーケティング戦略、製品開発などに活用
しているか→活用している

(2)　**第2段階——海外拠点が事業活動を行う際に国から受ける規制内容の把握と項目別の分類**

　進出先4か国および本社・支社のある日本における個人情報保護
に関連した法令の規制内容を調査し、項目別に一覧表を作成します。
この段階では各海外拠点の協力を仰ぎ、また進出先の情報収集能力
が十分でない場合には企業本体（本社）が代行、または外部専門家
の力を借りる必要があるかもしれません。ここで取り上げた調査項
目は次のとおりです。

①　規制個人情報の対象範囲

②　個人情報収集

③　安全管理措置

④　情報移転／国外適用

⑤　情報漏洩時の報告義務

⑥　罰則

(3)　**第3段階——国別の規制の範囲の広さ、規制の厳格さの評価と点数化**

　規制レベル評価を、規制の範囲の広さ（後記(ア)参照）と規制の厳
格さ（後記(イ)参照）に大きく分けて、以下の手順で両者の総合評価
により行います。

101

　(ア)　規制の範囲の広さ

　前記(1)で明らかにした個人情報の活用にかかわる範囲のみについて、関係する国の規制する個人情報と突合し、該当するものを選び出します。国の保護規制が広範囲に及ぶとしても、該当する種類の個人情報を取得・活用・保管する計画のない場合は、評価に加える必要はありません。ここでは、事例において活用されていた個人情報の活用対象が進出先で、製造拠点をもち、現地での販売を行うために必要な製造部品・材料の調達先業者、卸売販売の仲介業者などの氏名、電話番号、メールアドレスなどの個人情報の活用において、個人情報の種類に該当するか否かを〔表8〕にまとめました。この評価では取り扱う情報にCookieや位置データが含まれなければ、

〔表8〕　規制の範囲の広さの比較

活用が想定される個人情報の種類	日本	英国	米　国	中国	インド
氏　　　名	○	○	○	○	○
生年月日					
住　　　所					
電話番号	○	○	○	○	○
メールアドレス	○	○	○	○	○
Cookie（オンライン識別子）					
位置データ					
家族の個人情報					
備　　　考			氏名以外は暗号化していれば規制対象外		紙の情報は規制対象外

102

各国間の保護規制の範囲に実質差異はないのと同じであることがわかります。

　(イ)　規制の厳格さ

　個人情報に対する規制の厳格さは活用の局面ごとにみていく必要があります。そこで活用のフェーズを「取得」「処理・国内移転」「国外移転」「漏洩時の措置」「違反時の罰則」に区分し、日本を含む5つの国と地域の規制の厳格さを5段階（5：厳しい⇔1：緩やか）で評価することとしました（〔表9〕参照）。なお、個人情報の活用にかかわる範囲のみについて関係する規制だけについて評価すればよい、というのは規制の範囲の場合と同様です。国の規制全体がある事項に対して非常に厳格であったとしても、該当する事項が個人情報活用の場面で現れる可能性がない場合は、評価しませんでした。ここでの事例として設定した企業グループにおいては、米国における医療関係、金融業、児童に関するデータを扱う事業には該当しませんが、米国における現地法人がカリフォルニア州に所在し、カリフォルニア州法の適用を受けることとしました。また中国においては中華人民共和国網絡安全法（サイバーセキュリティー法）におけるネットワーク事業者に該当するものとして判定しました。また中国において2021年9月1日に施行された「中華人民共和国数据安全法（データセキュリティ法）」および同年11月1日に施行された「中華人民共和国个人信息保护法（個人情報保護法）」については施行直後であることから反映していません。さらにはインドでも新しい個人情報保護法案が検討されていますが、施行はまだ先となる見込みです。個々に対する着目点、判定の判断基準とその結果についてそれぞれ説明します。

103

(A) 取　得

　英国では、個人情報取得に際してデータ主体に情報を提供する義務行為の負担が大きく、「4」判定としました。一方で日本では、書面取得（取引先コンタクト情報、企業グループ内人事データ活用でも主流）の場合、本人の同意が必要ゆえ「3」判定、米国ではさらにプライバシーポリシーへの黙示の同意でも許されるため「2」判定としました。中国での重要インフラ事業者以外と、インドでの機微でない個人情報については特段の規制がないため「1」判定としました。

(B) 処理・国内移転

　英国では移転の際に管理者に説明責任、内部記録保持が課されており、この負担は甚大であるため「5」判定、次いで日本ではオプトアウトでの合意取得の個人情報保護委員会への届出、提供者・受領者双方で記録保持義務があり、この負担も英国に次いで負担が重いため「4」判定、インドでIS、ISO、IEC規定を遵守するか、中央政府によって承認されたデータ保護規定に従うことにより合理的な安全措置を遵守しているとみなされ、かつ情報提供者の事前許可取得も要求されることは日本に匹敵するため「4」判定としました。書面通知（米国カリフォルニア州）、ログファイル6か月以上保管（中国ネットワーク事業者）はいずれも負担は軽く「2」判定としました。

(C) 国外移転

　中国では重要インフラ事業者のみならずネットワーク事業者までも海外移転はやむを得ない場合に安全評価を経た場合のみ可能となります。これはデータローカライゼーションの最も厳しい性格の規制であり「5」評価としました。次いで十分性認定、標準データ保護条項（Standard Data Protection Clauses：SDPC）、拘束的企業準則

104

〔表9〕　規制の厳格さの比較

個人情報活用のフェーズ	国	厳格さ	規制の概要
個人情報の取得	日　本	3 要配慮情報4	書面で取得の場合、同意要要配慮情報は原則、本人の同意がない場合は取得禁止。
	英　国	4	管理者氏名、データ保護責任者氏名、取扱い目的、遵守法的根拠等のデータ提供。
	米　国	2 医療4 金融2 児童3	事業者のプライバシーポリシーへの黙示の同意可。 センシティブデータを収集する際には積極的な明示の同意要。 医療機関はプライバシー規則の定める特定の状況または個人の書面同意要。 金融はセーフガード規制を遵守、プライバシー保護運用基準を設けてこれを顧客に通知。 児童は事前に親の検証可能な同意要、1回限りのデータ収集、親の同意のための親のデータ収集は同意不要。
	中　国	1 重要インフラ事業者4	重要インフラ事業者は同意、プライバシーポリシー、収集する個人情報の類型、製品またはサービスによる業務機能の実現との直接の関連性について告知、個人機微情報については明示の同意、暗号化措置。
	インド	1 機微個人情報4	機微個人情報は書面同意要。
	日　本	4 要配慮情報5	委託の場合、監督責任第三者移転の場合、同意要。 またはオプトアウトは個人情報保護委員会へ届出かつ提供者記録義務、受領者確認・記録義務共同利用の場合、通知または開示要配慮

個人情報の処理・国内移転			情報はオプトアウトによる第三者提供は認められない。
	英　国	5	同意、契約、求めに応じる場合、法的義務等のいずれかに該当管理者に説明責任。 250名以上の場合内部記録保持、一定の場合データ保護責任者、データ保護影響評価。
	米　国	2 医療5 金融3 加州2	センシティブデータは責任者指名、パスワード、ベンダー監督など。 医療機関はプライバシー規則に定める状況または個人の書面同意。 金融機関が第三者に非公開個人情報を開示する場合、顧客にオプトアウトの機会提供。 カリフォルニア州では書面、電子メール、ウェブサイト等による通知要。
	中　国	重要インフラ事業者3 ネットワーク事業者2	重要インフラ事業者は少なくとも毎年1回、安全検査測定評価を行い、ネットワーク製品およびサービスの購入の際には、秘密保持契約を締結、国の安全に影響が及ぶ可能性がある場合には、国家インターネット安全審査弁公室の安全審査に合格要。 ネットワーク事業者はサイバーセキュリティー責任者の任命、ネットワークの運行状態およびサイバーセキュリティー事件のモニター・記録、ログファイルの6か月以上にわたる保管、データ分類、重要データ。
	インド	4	バックアップ、暗号化データ保護のためにベストプラクティスのIS、ISO、IEC規定を遵守するか、中央政府によって承認されたデータ保護規定の従うことにより合理的な安全措置を遵守しているとみなされる情報提供者の事前の許可。
	日　本	3	日本と同等の水準で個人情報が保護されていると認められていない国、または日本の個人情報取扱事業者と同等の体制にない外国にある第三者に個人情報を提供する場合には本人

106

			の同意要。
個人情報の国外移転	英　国	3	十分性認定、標準データ保護条項（Standard Data Protection Clauses：SDPC）、拘束的企業準則（Binding Corporate Rules：BCR）、または本人の明確な同意、契約の履行に必要、求めに応じる場合。
	米　国	2 金融3	金融機関が米国外のサービスプロバイダーを利用している場合についても米国内の移転と同様。
	中　国	5	重要インフラ事業者は個人情報および重要データの海外移転禁止、個人情報および重要データはすべて中国国内で保管、海外移転が必要である場合には「安全評価」が必要。
	インド	2	法人が遵守するデータ保護水準と同程度の水準を保証する国外の他の法人に対して移転できる。ただしこの移転は法人および情報提供者間の契約の履行のため必要か、またはデータ移転について本人が同意した場合に限られる。
個人情報の漏洩時の措置	日　本	1	なし。
	英　国	5	侵害が権利及び自由に高リスクを引き起こしうる場合、管理者は通知、処理者は管理者へ個人情報の侵害を管理者は、侵害に気がついてから72時間以内に監督機関およびデータ主体に通知。
	米　国	2 医療3 加州3	なし。 医療では漏洩した場合、各個人、米国保健福祉省へ通知、500人以上の漏洩はメディアに通報。 カリフォルニア州では州民に開示。
	中　国	1	なし。
	インド	2	情報セキュリティ違反が起こった場合、要請があればセキュリティ方針に従ってセキュリ

			ティ対策を実施したことを立証義務。
違反時の罰則	日　本	1	個人情報保護委員会の改善命令にも違反した場合、6か月以下の懲役または30万円以下の罰金の刑事罰。
	英　国	5	1000万ユーロ、または前年度の全世界年間売上高の2％または最大2000万ユーロ、4％の高いほうが上限で監督機関が決定。
	米　国	3 医療3	排除命令、民事制裁金、提訴。 医療では米国保険福祉省が課徴金。
	中　国	重要インフラ事業者5 ネットワーク事業者5	重要インフラ事業者は義務を履行しないとき、データローカライゼーションの要求に違反したとき、国の安全審査規定に違反したとき罰金、営業停止。 ネットワーク事業者は保護義務を履行しないとき、サイバーセキュリティー事件緊急対応プランを制定しないとき、システムのバグ、インターネット攻撃等のサイバーセキュリティー情報を対外的に公布しないとき、個人情報を侵害したとき罰金、営業停止。
	インド	1	規定なし。

（Binding Corporate Rules：BCR）、または本人の明確な同意のいずれかを求める英国を「4」判定としました。自国と同等の体制にない国への移転のみ本人同意の必要な日本を「3」判定、その他は「2」判定としました。

　　⑴　漏洩時の措置

　情報漏洩に気づいてから72時間以内での監督機関およびデータ主体への通知が要求されている英国が「5」判定、州民への開示を求めている米国カリフォルニア州法、セキュリティ対策実施を立証する義務のみのインドが「2」判定、特段の法規制のない日本、中国は「1」判定としました。

108

(E)　違反時の罰則

　営業停止を受ける中国、制裁金の非常に高額な英国を「5」判定、民事制裁金、課徴金を受ける米国を「3」判定としました。日本は個人情報保護委員会の改善命令にも違反した場合に初めて軽微な罰金、インドは罰則規定がないためどちらも「1」判定としました。

(4)　第4段階──国別の規制レベル総合評価

　第3段階で説明した判定基準に基づいて、第1段階で確認した本事の例企業の個人情報の活用構想に照らし、国別に総合評価を行うと〔表10〕のとおりとなります。

① 　範囲の広さ：いずれも3項目につき同レベル
② 　厳格さ：日本12ポイント、英国22ポイント、米国11ポイント、中国14ポイント、インド10ポイント

〔表10〕　国別の規制レベル総合評価

国	範囲（○の数）	厳格さ 取得	処理・国内移転	国外移転	漏洩時の措置	違反時の罰則	総合点
日　本	3	3	4	3	1	1	12
英　国	3	4	5	3	5	5	22
米　国	3	2	2	2	2	3	11
中　国	3	1	2	5	1	5	14
インド	3	1	4	2	2	1	10

(5)　第5段階──国別の規制水準と企業グループ内構成比のグラフ化

　第4段階で行った規制の範囲の広さ、規制の厳格さに基づく国別の規制レベル評価に基づいて棒グラフで縦軸を設定します。次に、

【図15】　国別の規制水準と年間売上高構成比

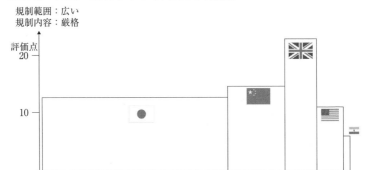

横軸については対象国別に活用される個人情報の量を企業グループ全体に対する構成比率で表示します。保管・移転する対象の個人情報量は保管情報量、トラフィックデータ量が相当しますが、この事例では取引先とのコンタクト情報量が国別売上高と近似するものと仮定して国別売上高比率を算出することとしました。国別の売上高は、日本51％、英国9％、北米7％、中国16％、インド1％でした。【図15】にそれらの結果を示します。

(6)　**第6段階──国別の規制水準の差異を反映した企業グループ内共通規範／ルールの水準についての方針の策定**

　第2段階で比較検証した個人情報の活用にかかわる国別の規制水準に差異が大きい場合には、共通規範／ルールの水準をどうやって設定するかという点が問題となります。設定方針としては大きく次の3つが考えられます。

①　方針1：進出先の国の中で最も厳しい国の規制水準に合わせる

②　方針2：進出先の国の中で最も緩やかな国の規制水準に合わ

せる

③　方針3：方針1と方針2の中間の規制水準に合わせる

まず、方針1を選んだ場合を例にとります。

【図16】のⒶの線が企業グループ内の共通規範／ルール策定の方針1の水準を示しています。この場合、すべての拠点がこの共通規範／ルールを遵守することによって、関係するすべての国の規制をクリアすることができ、安心して個人情報の活用ができます。しかし、問題点はⒷの部分がいわゆる「過剰規制」になっていることです。その部分は他国で求められていない厳しい水準の規制を過剰なコストをかけて無理やり守らせていることになります。

次に、方針2を選んだ場合を例にとります。

同様に、【図17】のⒶの線が企業グループ内の共通規範／ルール策定の方針2の水準を示しています。この場合、共通規範／ルールは最低限の遵守すべき水準を示しているにすぎません。各国では、斜線のそれぞれの国における共通規範／ルールを上回る規制をクリアするよう注意深く個人情報の活用を行わなければならないため、

【図16】　共通規範／ルールの水準（方針1）

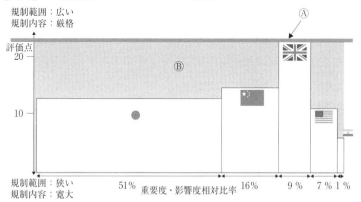

【図17】　共通規範／ルールの水準（方針 2 ）

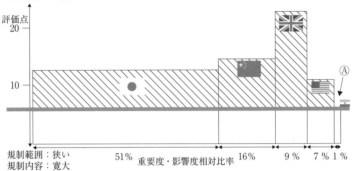

規制範囲：広い
規制内容：厳格

評価点
20 —

10 —

規制範囲：狭い　　　51%　重要度・影響度相対比率　16%　　9 %　 7 % 1 %
規制内容：寛大

過剰な規制は生じませんが、共通規範／ルールを上回る規制が存在する国に所在する拠点からみて、共通規範／ルールの存在意義は薄くなります。個人情報を活用する拠点が、それぞれで国の規制を間違いなくクリアするための規制情報の収集、個人情報の活用状況の変化や法改正に合わせた独自ルールづくり、そのメンテナンスがそれぞれの拠点で必要となり、グループ全体では重複した管理業務が大量に発生します。

　特に、国と国との間で個人情報の移転が行われる場合、移転先は移転元の規制を熟知しているとは限らず、その点検、確認が十分なレベルにならない危険性があります。したがって、移転元が移転後にも求められる移転元での規制について十分に注意を払い、移転先での移転後の個人情報を保管する際の安全措置について移転元と同レベルの管理を行わせ、それを維持する必要があります。これらを確実に関係拠点間で行わせることは、国と国との間で個人情報の移転手続が複雑化・難解化するとともに、その遵守に必要なコストがさらに増すことにもなります。仮にこれらの管理をすべて本社で採

112

配するとしたら、個人情報を活用する国の規制を一元化してもれなく把握し、活用の動向、法改正の動向を追跡し、個人情報を活用している拠点に確実に遵守させることが必要になり、高度なレベルの管理が必要となります。

　さらに、方針3を選んだ場合を例にとります。

　同様に、【図18】の⒜の線が企業グループ内の共通規範／ルール策定の方針3の水準を示しています。方針3の共通規範／ルールの場合、それぞれの国で不足する規制をクリアするための個別対策が必要な⒝の部分と過剰規制の生じている⒞の部分の両方が発生していますが、この場合、⒝の不足する規制部分と⒞の過剰な規制部分の面積を均衡させる、つまり両者のバランスをとった企業グループ内の共通規範／ルールを示しています。

【図18】　共通規範／ルールの水準（方針3）

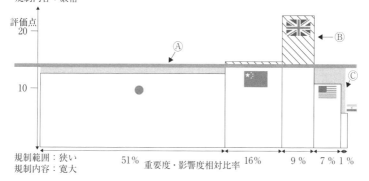

(7)　第7段階──適正な共通規範／ルールの水準の決定

　本事例に取り上げた企業について、現実的に共通規範／ルールを適用しようとすると、日本と中国の中間レベルの水準の規範／ルールが均衡のとれたレベルだという結論になります。ただし、中国と

113

【図19】　適正な共通規範／ルールの水準の決定

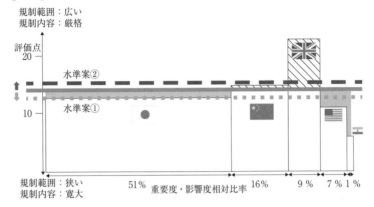

規制範囲：広い
規制内容：厳格

評価点
20 —

水準案②

水準案①

10 —

規制範囲：狭い
規制内容：寛大　　　51%　　重要度・影響度相対比率　　16%　　　9%　　7%1%

日本の中間の実存しない規範／ルールを遵守せよということには現実的には抵抗感が避けられず受け入れられないでしょう。したがって、均衡する実線の水準に最も近い実在する国の規範／ルールに調整すべく、【図19】に示したように実線を少し引き下げて日本の規制水準に合わせる（水準案①）か、少し引き上げて中国の規制水準に合わせる（水準案②）かの二者択一が現実的な選択肢となります。ここで考慮すべき点は、両国の売上高構成比を比較した場合、日本のほうが大きい点です。つまり、現実的には日本の規制レベルに合わせた水準による共通規範／ルールのほうを採用すべきだと考えられます。このことは、企業における個人情報の活用と保護を考えるうえではその企業グループの事業全体に占める当該国の重要度・影響度の比率が大きな決定要素を占めることを意味しています。

114

Ⅲ　ステップ3——導入準備と運用

　すでにここまでの検討を終えた時点で、かなりの段階まで導入準備は終了していますが、以下の準備項目がさらに必要です。

1　推進体制の構築

　コンプライアンス推進体制については企業の海外進出の体制や組織に応じて決定するしかないのですが、いくつか押さえておくべきポイントを列記します。

⑴　委員会・定例会議

　コンプライアンスは広い範囲にまたがって社内の複数の分野に関係します。方針案を策定し、活動の方向づけを最高責任者に対して諮問する委員、あるいは定例会議を設けることが1つの選択肢として考えられます。企業の組織・規模にもよりますが、その場合にはかかわる可能性のある分野を所管する部門に専門的立場から議論に参画させる方が、踏み込んだ議論ができ、実行段階でスムーズに事が運びます。また、決定プロセスに参画することで当事者意識も高くなります。

　一方で、あまり多くの分野から参画する大規模な会議となると会の運営自体に時間をとられ、会の開催自体が儀式化してしまう危険もあります。両者のメリット、デメリットを考えて体制をつくる必要があります。

⑵　企業グループ内のコミュニケーションのとれる運用

　海外進出企業ではコンプライアンス推進の際にはその地域性による多様性を無視できません。国によって法律や規制、文化や風習が異なりますので、コンプライアンス推進についても1つの事象に対

115

する受け止め方、反応が海外拠点によって異なることが予想されます。

　したがって、進出先の現地に正しい情報が伝わる、また趣旨・目的・背景を丁寧に説明するような情報伝達を心がけ、「企業本体（本社）から押し付けられた」「現地の実態とかけ離れた方針や施策を頭ごなしに指示してきた」などという受け止め方を解消はできないまでも、軽減するような企業グループ内コミュニケーションのとれる運用が望ましいと考えます。

　たとえば、新規に施策やプログラムを導入する場合には、事前に関係する拠点すべてに導入案を開示し、パブリックコメントを募集して、意見を徴収、要望や質問に回答のうえ、必要に応じて導入案を見直すことの可能な手続を設けるなどの施策が考えられます。

2　教育実施体制の構築

　経営者、従業員へコンプライアンス教育を行うことの意義、重要性についてはすでに第2章Ⅱ4で触れましたが、その実施体制、より具体的には誰が講師となってどういうタイミングで何を教育するか、という点については、企業の規模や組織体制にもよりますし、海外進出拠点においては教育講師の適任者が拠点内で任命が難しく、本社や他拠点から教育講師を招く等の現実的制約もあると思われます。その場合、従業員への教育については、言語上の問題も起こり得ます。

　コンプライアンス教育について押さえるべきポイントは、以下のような点と思われます。

⑴　教育と情報提供の連動性

　新規に雇い入れた従業員に対してコンプライアンス教育を行うことは必須と考えられます。一方、すでに継続勤務している従業員に

116

ついては特別なことが起こらない限り、一定の頻度で教育を行うことで構わないと考えますが、教育に費やす時間や内容との兼ね合いで、全項目について繰り返し教育するのか、変更のあった内容を中心に教育するのか、あるいは重点テーマに絞って行うかなど、いろいろな教育内容のパターンが考えられます。

どういう方法をとる場合も、コンプライアンス規程、過去のコンプライアンス教育教材を従業員が後日閲覧可能な状態にしておく等、企業として従業員に周知すべきだと考える内容を漏れなく周知する、従業員の側からアクセスできるようにしておく、教育はその開示情報の狙いや背景を伝え、その徹底を確実にするための手段、という位置づけで考えた場合に、どういうやり方でどれだけ手間をかけるべきかという点において情報提供活動との連動制を勘案したプログラムづくりを行うべきだと考えます。

その意味で、海外拠点でも言語や立地的なインフラ面での制約が、教育内容や情報提供上、ハンディとなることをカバー、あるいは軽減するような環境整備は重要です。

(2)　教育の内容

コンプライアンス教育で扱う主要な内容はフルメニューだと、たとえば次のようなものが考えられます。

- 企業理念、行動規範、コンプライアンス要綱、経営方針等
- コンプライアンス等の概念
- ステークホルダーからの要請とその変化
- 自社のコンプライアンス経営とコンプライアンス活動
- コンプライアンスリスク、不正リスク、各種リスク（環境、品質、情報管理、安全保障輸出管理、ハラスメントなど）
- 自社や業界におけるコンプライアンス問題や事例とその教訓
- 社会的に注目されている他社、他業界での問題や事例

117

(3)　規範／ルール方式ごとの役割分担

　これらのうちでの取捨選択はこれまで第3章で比較検証してきた「共通規範／ルール方式」「独自規範／ルール方式」「使い分け方式」「3階建て規範／ルール方式」のそれぞれの場合、次の方向になるのが自然と思われます。

　①　共通規範／ルール方式の場合
　　→企業本体（本社）主導で教育内容、教材を提供する。少なくとも必須項目を指定する。

　②　独自規範／ルール方式の場合
　　→海外拠点主導で自拠点に合致する内容を判断し、独自で教育し、企業本体（本社）は世界共通の汎用部分の教材提供などに限定的に関与する。

　③　使い分け方式の場合
　　→独自で教育できるだけの体制がある拠点は独自規範／ルール方式、体制がない拠点は共通規範／ルール方式に同じ。あるいは教育内容が共通で汎用性のあるものだけ企業本体（本社）主導で教育し、または教材を提供する（その他は独自に実施）。

　④　3階建て規範／ルール方式の場合
　　→1階部分は企業本体（本社）主導で教育し、または教材を提供する（2階部分の教育は日本のみで実施）。3階部分は海外拠点で独自に教材を準備し、教育する。

　どの方式の場合でも教育内容が重要であることに違いはありません。教育の運用を各海外拠点側に丸投げしてしまった結果、提供する情報の欠落や最新化の漏れの起こらないよう、一定頻度での教育内容の点検を行うことが望ましいと考えられます。

118

3　導入スケジュールの策定

　導入に向けて準備の必要な事項を〔表11〕にリストアップしてみました。この準備に要するスケジュールは、企業規模、海外拠点の数、進出地域などに大きく左右されるため、どれくらいの準備期間が必要かは各社で想定いただく必要があります。ただ、拙速に導入すると、導入後に運用面の不備が発覚し、手直しが発生して、無用な混乱を招くおそれもあるため、準備は入念に行う必要があります。

　また逆に、フルメニューのプログラムを用意することにあまりに時間を要するようであれば、意図的・計画的に段階を踏んで活動内容の充実化を図っていくという選択肢もあります。

〔表11〕　導入に向けた準備事項

準備事項	内　　容	実施部門
コンプライアンス体制構築	コンプライアンス委員会、コンプライアンス推進担当部門等設置 内部通報窓口の開設	企業グループ全体（本社、各組織単位）
規範／ルール作成	経営方針、倫理指針、行動規範、規程作成	コンプライアンス推進担当部門
リスク評価と対策	事業、職場ごとにリスクの抽出、対策の策定	全事業部門、職場
教育	役員および社員に対するコンプライアンス教育	コンプライアンス推進担当部門（コンテンツ提供）
文書管理	規範／ルール等文書の作成・配布	コンプライアンス推進担当部門
モニタリングと監査	モニタリングおよび監査体制の構築	コンプライアンス推進担当部門および内部監査担当部門

Ⅳ　ステップ4――アップデートと アップグレード

　「コンプライアンスに終わりなし」とすでに申し上げましたが、点検の結果とその評価は、次段階の4ステップサイクルの活動アイテムとなります。これには2つの視点がありますので、これらを説明いたします。

1　アップデート（最新化）

　コンプライアンスは生き物であり、常に変化し続けます。たとえ法律の改正は何年かに1回であっても、事業活動は変化し、企業を取り巻く環境は変化し、社会の意識や価値観は変化します。したがって、これで完成型ということはなく、海外拠点の側で起こった変化を見落とさず、反映し、常に最新の状態に対応したものへと定期的にアップデート（最新化）していく活動が重要です。

　ステップ1で収集した関係情報の「再収集」＝「最新化」です。この段階でステップ4と同時に次サイクルのステップ1が始まり、次サイクルへと移行するのです。

　ここで、〔表9〕の日本・英国・米国・中国・インドの個人情報保護の事例を再度取り上げ、次の最近の法改正を反映してステップ4でのアップデートを試みます。

　●米　　国：カリフォルニア州消費者プライバシー法2018年施行
　●対　　象：カリフォルニア州居住者（消費者）の個人情報を取得
　　　　　　する、カリフォルニア州で事業を行う事業者
　●個人情報の範囲：
　　・実名、通称、住所、唯一個人識別子、オンライン識別子、IP

アドレス、メールアドレス
・購入・取得・考慮した製品・サービスなどの履歴・傾向
・生体情報（虹彩、網膜、指紋、顔、手、掌、静脈模様および音
　声録音の画像等からわかる肖像、指紋の特徴点、または声紋）
・インターネットの閲覧履歴、検索履歴および web サイト、
　アプリまたは広告の閲覧、操作情報

●事業者の義務：
・個人情報取得時までに、個人情報の種類・利用目的を通知
　（プライバシーノーティス）
・サイトに個人情報収集に関する一定事項を記載したプライバ
　シーポリシーを公開し、年1回更新
・消費者のアクセス権、削除権、データポータビリティ権の行
　使に対応（最低2つのフリーダイヤルの電話番号とウェブサイ
　トを有する場合そのアドレス）の方法の準備（もっぱらオンラ
　インにて業務を行い、個人情報を収集する事業者は、アクセス権
　行使のためのeメールアドレスのみを提供することで足りる）
・消費者の権利行使を理由とする差別禁止
・個人情報の取得、売却等に関してインセンティブを与える場
　合、消費者からオプトイン同意の取得

〔表9〕で取り上げた事例は、〔表12〕のとおり国別の規制の厳格
さの評価を変更する必要があります。なお、本章Ⅱ1でも述べまし
たが、中国やインドでも新しく個人情報保護法が施行されると、同
様のアップデートが必要になります。
　よって、厳格度評価点合計は施行前12ポイントから施行後15ポイ
ントへと上昇したことで、事例にあげたカリフォルニア州に進出し
ている BtoC 製品の製造・卸売販売を行っている製造業にとっては、
ステップ4でのアップデートが非常に重要であることがわかります。

121

〔表12〕　規制の厳格さの比較（見直し）

個人情報活用フェーズ		厳格さ	規制の概要
個人情報の取得	施行前	2	事業者のプライバシーポリシーへの黙示の同意が可能 センシティブデータを収集する際には積極的な明示の同意が必要
	施行後	3	個人情報取得時までに、個人情報の種類・利用目的を通知
個人情報の処理・国内移転	施行前	2	センシティブデータは責任者指名、パスワード、ベンダー監督など
	施行後	3	消費者のアクセス権、削除権、データポータビリティ権の行使に対応 （最低2つのフリーダイヤルの電話番号とウェブを有する場合そのアドレス）
個人情報の国外移転	施行前	2	金融機関が米国外のサービスプロバイダーを利用している場合についても米国内の移転と同様
	施行後	2	変更なし
個人情報の漏洩時の措置	施行前	3	州民に開示
	施行後	3	変更なし
法違反時の罰則	施行前	3	排除命令、民事制裁金、提訴
	施行後	4	損害賠償額1人あたり違反1件ごとに100ドル以上750ドル以下か、実損害額の何れか大きいほう 集合代表訴訟の提訴

2　アップグレード（維持向上）

　コンプライアンスは下りエスカレーターに立っているようなもので、同じ段の上にじっと立っていたら、どんどんその人の立ち位置

はドっていきます。同様にコンプライアンス活動においても、「現状維持、昨年と同じ」では現状水準の維持にはなりません。段を上り続けるしかないのです。もしも下りエスカレーターを上に登ろうとするなら、下るスピードよりも速く1つ上の段へ足を運ぶしかありません。コンプライアンス活動について活動目標水準は達成可能性との兼ね合いも考慮して掲げるべきで、その場合「共通規範／ルール」を現状からみて実現に手の届くマイルストーン（一里塚）として設定し、徐々に完成に近づけ、熟成を図っていくものと位置づけるのであれば、現状維持で満足しないで目標水準を計画的に見直し、水準の再設定を繰り返す必要があります。

　コンプライアンス教育水準のアップグレード（維持向上）に深い関係のあるもう1つの指標、それは従業員の定着率です。従業員が毎年のように多数退職し、その後任として多くの従業員を新規採用している企業では、新規雇用の都度、ゼロからコンプライアンス教育をやり直さなければなりません。新規雇用者の場合、一度に何もかも詰め込んで教えても消化不良になりますので、どうしても総花的な入門教育にとどまらざるを得ません。このため、コンプライアンス教育内容の水準引上げ、高度化がなかなか進まないという現象が起こります。その逆で従業員が長年勤続する企業では、定期的にコンプライアンス教育を行う場合に、前回と同じ内容の繰り返し教育ではなく、グレードを上げた教育メニューが可能になり、教育内容の水準が年々上がっていきます。従業員定着率は労働市場環境、労働条件水準などにより簡単に向上可能なものではないため、従業員定着率を所与の条件の1つとして、コンプライアンス教育の水準の維持向上を図る方法を考える必要があります。

123

3　2つの Eff の視点からの評価

　アップデートについては少なくとも定期的に最新状態を反映しているかどうかを確認し、アップグレードについては現状水準を維持しようとしたら、段を上り続ける必要があり、もしも段階的にコンプライアンス水準を引き上げたいならば計画的、継続的に4つのステップを回し続けるべき、と申し上げましたが、ではどういう視点で現状を評価し、どうやってアップグレードしていく対象となる課題を発見したらよいのでしょうか。これについては何か指標、手がかりになるものがあるでしょうか。ここでのキーワードは〔2－3－4メソッド〕のうち2つの Eff の視点です。それぞれの評価指標の例をあげます。

〔Efficiency（効率性）評価指標〕
①　コンプライアンス活動に充当した延べ時間×人数（ライン部門の教育受講時間、点検従事時間を含む）
②　コンプライアンス活動にかかった発生費用（人件費、啓発ツール（ポスター等）制作費用、社外専門家への業務委託費用、等）

〔Effectiveness（有効性）評価指標〕
①　コンプライアンス教育の受講率（受講者実績数／受講対象者数）
②　コンプライアンス情報を社内ネットワーク上に掲載している場合、その従業員1人あたり期間内総アクセス数
③　法改正、拠点の状況変化があった場合の関連規定／ルールの最新化率（前回点検時以降、現在までの改定済規程数／要改定規程数）

　ここで留意いただきたいのは、この評価は海外進出拠点間の相対比較に使うことは避け、あくまで自拠点の評価、過年度の自拠点と

の比較に用途を限定したほうがよいということです。したがって、当然、評価結果はほかの海外拠点には公開せず、本社と当該海外拠点のみで共有するということです。評価結果を企業本社に集約し、内々に横通し比較してみるくらいは許されるとしても、その比較結果について公開したり、ほかの海外拠点と比較して評価を下したりすることは、その後の運用に禍根を残す可能性があります。以下に、海外拠点間での比較をしないほうがよい理由を説明します。

① 海外拠点間で事業内容、社会環境、拠点規模、従業員の構成、定着率などの諸条件が異なっており、それを考慮しない中での拠点間比較は意味が薄いこと

② 投入コストと有効性の相互関連を解明できない中では、定量的比較評価を行うことはできないこと（過年度の自部門実績との項目別変化幅の把握が、評価できる限界である）

③ コンプライアンス活動の最大の成果はコンプライアンスリスクを顕在化させないことであるが、この視点での評価についてはコンプライアンス違反事件への発生後対処（調査・是正措置・再発防止策等）に費やす時間や損失コスト、課せられる罰則の回避であり、発生した場合の損失実績額は算定できても、発生しなかった場合の損失回避見込み額の定量把握は困難であること、またコンプライアンス違反の結果、棄損される信用力、ブランド力、風評などは発生後においても算定困難であること

4　評価結果のフォローアップ

コンプライアンス活動の評価は海外拠点単位で、定期的に継続して行う必要があります。評価の結果は、改善すべきポイントを見つけ出し、次の4ステップの開始につなげていくことになり、また次年度の拠点での活動計画を策定する際の基礎資料となります。評価

125

手続は拠点の自己評価で差し支えありませんが、内部監査部門ある
いは外部の第三者評価を受けると、さらに客観的な評価が期待できま
す。具体的にはこれまで述べた視点から今回評価時点での絶対状
況と前回点検時点から今回時点の間の改善状況（差分）を比較し、
評価します。その判断基準はそれぞれ、

①　絶対水準評価で極端に劣悪な状態でないかどうか

②　前回と今回の変化の差分評価で前回点検時からの改善がみら
　　れるか

となります。特に後者については前回の点検時に発見された問題点、
前回点検時に積み残された前々回以前の点検結果のフォローアップ
を忘れずに行うことが重要です。評価しっぱなし、活動しっぱなし
ではせっかくの4ステップが次の一歩へとつながらず、問題が解決
されないまま時間の経過とともに見えなくなってしまい、積み残さ
れてしまいます。一歩一歩粘り強く、しつこくフォローすることが
欠かせません。

第2部（コンプライアンス体制の構築と実践）のまとめ

☑　海外拠点をもつ企業において企業グループ全体でのコンプ
ライアンス活動の基軸となる規範／ルールは、従来から次の
3種類に大別されます。

・共通規範／ルール方式

・独自規範／ルール方式

・使い分け方式

これらに加えて、

・3階建て規範／ルール方式

による革新を、新たに本書で提唱しています。

☑　各方式には一長一短ありますが、コンプライアンス活動の
効率性・有効性を考慮した場合、3階建て規範／ルール方式
が優越していると思われます。

☑　コンプライアンス活動に最終到達点は存在せず、変化に対
応した最新化と維持・向上が重要ですが、そのための運用コ
ストを軽減できる点が3階建て規範／ルール方式の最大のメ
リットといえます。

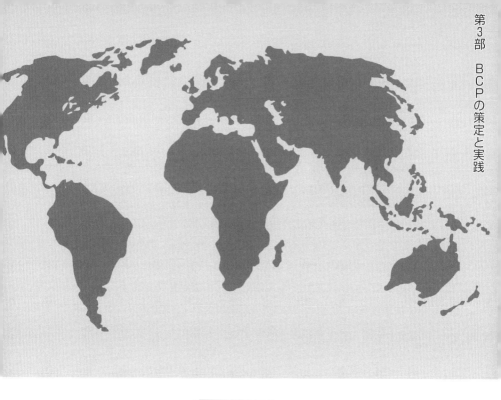

第3部

BCP の策定と実践

第1章　BCP の策定にあたって

　第 3 部では海外拠点で発生する自然災害、社会リスク、疾病リスクなどに備える BCP（Business Continuity Plan：事業継続計画）をテーマとして取り上げ、これに〔2 − 3 − 4 メソッド〕を適用する方法について事例を交えて説明していきたいと考えます。第 2 章が「従来方式の BCP とこれから」、第 3 章が「3 階建て方式の BCP」、第 4 章が「4 ステップで進める BCP の策定」という構成になります。

　BCP は新型コロナウイルス感染症の流行のせいで脚光を浴びました。10 年ほど前に作成され、キャビネットの中で埃をかぶっていたかもしれない新型インフルエンザ対応 BCP が引っ張り出され、ひさしぶりに感染症 BCP の存在が再認識された、というのがこれまで起こってきたことではないでしょうか。時間が経過したことで、おそらく当時の感染症 BCP の内容は時代遅れのものになっていたことでしょうし、感染症の特質が異なることから、新型インフルエンザ用の BCP が新型コロナウイルス用の BCP として流用できる部分というのは、おそらく限定的だったでしょう。そうはいってもまったく何も手元にないゼロから感染症対策を考え始めるはめになることに比べれば、過去に一度でも BCP を検討した経験があり、いざリスクに直面した際に、その経験が事業継続のためにどれだけ実際に寄与するかを「検証」できたことの意義は小さくないと思います。

　オールマイティな BCP などはおそらく存在し得ないか、オール

マイティを指向すればするほど、個々の災害やリスクに対しての「有効性」（Effectiveness）、「効率性」（Efficiency）が低くなっていくでしょう。さらにいうと同一内容の災害、リスクが複数回起こるということの可能性は決して高くありません。毎回毎回、違って当たり前です。つまり BCP の有効性評価の視点は、特定の災害やリスクに対してぴたりとフィットするかどうか、というような微細な点の完成度ではないのです。逆にどんな災害、リスクにも有効などというオールマイティの汎用性でもありません。この種の災害に限ってなら、少々の違いがあっても、まずまず流用できるという一定の範囲内での適用性、流用しやすさ、IT 用語でいうスケーラビリティを有効性評価の指標とすべきであるべきだと考えています。

　さらに BCP について 1 つ特徴的な点があります。BCP 対象となるリスクはその都度内容が変わっていきながら、入れ替わり起こり続け、BCP はリスクの変化に対応して内容を進化させていくものですから、ベストプラクティスの完成形などはなく、その動態変化の中である時点での静態状態を切り出して、それまでにかかったコストや実効性の評価を行うことは、一定の意味はあるが、やや一面的であるということです。BCP には変化・進化がその宿命で、有効性や効率性の評価は本来、変遷の時系列の中での総和・総量で評価すべきだと思いますが、そのような時系列視点を取り入れた過去の有効性や効率性の総和・総量の評価に現時点でどれだけ意味があるのか、と考えると何が効果的で、何が効率的なのかについての評価は容易ではありません。この点を考慮に入れながら、以下では、BCP の策定に〔2 － 3 － 4 メソッド〕を適用する方法について述べていきます。

第 2 章	従来方式の BCP と これから

I　BCP の定義

　BCP（Business Continuity Plan：事業継続計画）とは、企業がテロ、自然災害、システム障害、争議、暴動、パンデミック、サプライチェーンの途絶などの困難な状況下におかれた場合に、中核となる業

【図20】　BCP の定義

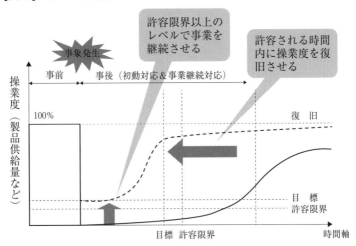

　　　　　現状の予想復旧曲線

- - - - - - BCP発動後の復旧曲線

出典：内閣府防災担当「事業継続ガイドライン（令和 3 年 4 月）」3 頁

132

務を継続できる、あるいは中断した中核業務を早期に復旧する方策
のことです。

　BCP とは、【図20】で示す縦方向の「許容限界以上のレベルで事
業を継続させる」上向きの矢印または横方向の「許容される時間内
に操業度を復旧させる」左向きの矢印のいずれか、あるいは両方と
なります。つまり指標は操業度であり、復旧までの時間となります。

133

II　従来方式の BCP の特徴と限界

1　従来方式の BCP の特徴

　第 1 部で述べたことの繰り返しですが、私は10年間以上にわたって内部監査の仕事をしてきました。その間、勤務先の世界30か国にある海外拠点を 1 年に 5 、 6 拠点ずつ訪問してきました。その中では、世界各地で海外拠点が直面したリスクに対してどう対処し、またその経験をどう BCP に活かしているかを実務面から確認してきました。第 1 章で述べたように、BCP の有効性・効率性を評価することは簡単なことではありませんが、それらの確認の過程では、BCP が策定されていながら、実際においては、時々、以下のような困った現象がみられました。

(1)　現場へのノウハウ・基本知識の展開不足

　BCP について初期段階で必要なリスク分析を行うためのノウハウや基本的知識が海外拠点で保有されてなく、海外拠点ではどこから着手してよいかわからない、というケースがありました。結果として、ピントのずれた、的はずれな BCP となってしまっていました。

(2)　部分最適の寄せ集め、全体最適の視点欠如

　企業本体（本社）は、各国・各地域でどのようなリスクがあるかを把握しきれず、結果として各海外拠点任せの BCP を寄せ集めた形になっている、というケースがありました。各国・各地域では適切な BCP を策定したつもりでいますが、企業全体で俯瞰してみたときの重要度や有効性を反映した全体としての妥当性が確認できていませんでした。

134

(3)　幹部・担当者以外の現地従業員の関与不足

BCP を策定し、経営幹部や企業本体からの出向者だけが内容や行動基準を理解しているが、事業継続のために欠くことのできない役割を担っている海外拠点の現地従業員が BCP を十分に理解していない、というケースがありました。海外拠点の現地従業員が、実際にリスクに直面したときの責務を認識していないと、せっかくの BCP がうまく機能しません。

(4)　サプライチェーン・優先順位の分析不足

海外拠点において事業上のサプライチェーンやどの事業をより優先して継続するかの分析が十分でないため、予想外のボトルネックが生じて、サプライチェーンのほころびが生じたり、優先すべき事業の復旧のためにリソースを集中して投入することができない、というケースがありました。

2　従来方式 BCP の限界

海外進出企業の BCP は、リスクの性格によってはその影響範囲が特定の地域にとどまり、また海外拠点の立地によって全く異なるリスクに対応しなくてはならないため、従来、どうしても企業本体（本社）がリーダーシップを発揮して最適な形にまとめあげることが難しく、海外拠点主体での検討任せにとどまりがちで、その結果、上記のような現象が生じやすい傾向にありました。しかも BCP の宿命として、実際に高い代償を払って痛い経験をしないと、何年かに 1 回起こるか起こらないかという事象のためにわざわざ大きな労力をかけて BCP の水準を引き上げていこうとするインセンティブが働きにくい、という性質があると考えられます。

また、リスク対策、リスクへの備えは、想定内の事象に対しては効果を発揮しますが、想定を超えた未曾有の事象には十分に機能し

ないこともあります。ただ、一定の想定をしておかないと、リスク対策、リスクへの備えもしようがありませんので、要は想定の置き方次第ということになります。

　本書で提唱する BCP は、第1部で列挙した海外拠点を襲う可能性のあるさまざまなリスクのうち多くの海外拠点で同時多発的に発生しうるリスクに対して、

　　①　企業グループ全体最適の視点で、

　　②　2つの Eff（Efficiency（効率性）、Effectiveness（有効性））を最大限に高めるような、

　　③　想定内のリスク項目に対してはそれなりに役立つ

という BCP をめざすものですが、すべての企業、すべてのリスク項目に対してこれが必要とは考えているわけではありません。2つの Eff から考えて海外拠点単位で BCP を策定すれば十分足りる企業にまで、BCP を無理やり策定すべきだとは思いません。

　私は BCP の有効なリスク対策についてはその策定・導入・改善プロセスに、本書でこれまで述べてきた〔2－3－4メソッド〕の手法が流用できる、という信念を抱いています。このメソッドを導入した BCP の効果は現時点で十分に実証されているとまではいえませんが、BCP 策定手法の有効な選択肢として今後、適用事例を開拓していきたいと考えています。

136

Ⅲ　BCP における 2 つの Eff

　BCP における 2 つの Eff（Efficiency（効率性）、Effectiveness（有効性））の追求についてはどう考えればよいのでしょうか。

　第 1 部において、一般的にリスク対策には、①回避、②転嫁、③低減、④受容の 4 種類があると述べました。BCP で想定するリスクの中には、その性格上、その地域に所在する限り回避が困難なもの（たとえば、自然災害、感染症、政情不安）、十分な水準の転嫁が不可能なもの（たとえば、保険の免責事項に該当するリスク事項）など避けて通れない制約条件があり、それらの制約条件を乗り超えて、リスクを強引に回避あるいは転嫁しようとすると途方もないコストを伴ったり、事業上の機会損失を伴う可能性があります。特にBCP 策定の対象となるリスクについてはその発生頻度をよく見極め、対処する必要がありますが、その結果必然的に「想定外」「残余リスク」が生じることは覚悟しておく必要があります。

　自然災害リスク（異常気象、風水害、地震）、社会リスク（政治、治安、環境汚染）、疾病リスク（伝染病など）などの予防困難なリスクは、発生を想定して平時からあらかじめ BCP を準備しておき、もしもリスクが現実のものとなったら、それを受容しつつも被害を最小限にとどめ、また計画に従って事業継続や早期普及を図るというのがとるべき対策です。

1　BCP の策定にかかるコストの把握

　BCP の策定にかかるコストとは何を指すのでしょうか。最も単純化すれば BCP 担当部門（「総務部」「管理部」などの部門である場合が多い）で発生する費用、ということになります。注意すべきなの

は「総務部」「管理部」などの部門以外に海外拠点側で発生する
BCP関連費用があり、それらはそれぞれの海外拠点部門での管理
コストの中に埋没してしまい、別出しでの把握が困難であるという
ことです。「測定なくして管理なし」といいますのでコストを定量
化して把握できないことには、その管理は困難です。また、初回の
BCP策定コスト以外に、新たなリスク項目についてBCP対策を追
加策定した場合の追加検討コスト、BCP運用上の必要備品調達や
訓練に要する継続して発生するコストが全体に占める割合が高いと
考えます。

2　BCPの有効性の測定

　2020年の新型コロナウイルス感染症のパンデミックは、世界中の
企業に大きな打撃を与えましたが、その損失は、今からどのような
BCPを策定し、そのような施策を展開しても、もはや取り戻せま
せん。しかし、人間は未来について予言することはできませんが、
過去の経験に学ぶことはできます。今回の新型コロナウイルス感染
症のパンデミックによって得た知見を基に感染症BCPを策定して
おけば、次回まったく異なるパンデミックが起こったときに、大い
に役立つことでしょう。これこそがBCPの効果にほかならないと
考えます。

　BCPの有効性は、このBCPに従って対策を行ったがゆえに軽減
できたマイナス影響、短縮できた事業復旧のための時間、節約でき
た事業継続コストの総和に基づいて評価すべきだというのが合理的
だと考えますが、それらの測定のためには、数値として「見える
化」することがまず出発点になります。

　しかし、現実のものとなったリスクに対してBCP対策を行った
場合と行わなかった場合の、あるいはすでにBCPが準備されそれ

に従って行動した場合と全く BCP がなく、手探りで対策を行った
場合の「マイナス影響」「復旧のための時間」「事業継続コスト」そ
れぞれの比較を行い、差分を算出することは決して容易ではありま
せん。

3　BCP に対する 2 つの Eff の評価軸

　BCP についてはコストの把握、有効性の測定のいずれも容易で
ないことはすでに述べたとおりですが、では、BCP において 2 つ
の Eff（Efficiency（効率性）、Effectiveness（有効性））を追求すると
いうのは非現実的なのでしょうか。

　私の考えは、第 2 部で取り上げたコンプライアンス活動の場合と
同様に、BCP についてもコストを聖域扱いせず、コストパフォー
マンスの視点に立った経営判断が加えられてしかるべし、というも
のです。コンプライアンス活動の場合は、企業の側で事業活動に内
在する法違反リスクを予測し、それに基づいて判断することができ
ましたが、BCP 対象のリスクは大半が現実のものとなる時期や規
模について予測困難な項目が多く、その点からも発生頻度や受ける
可能性のある被害規模を予測して、それらに応じた優先順位づけと
取捨選択が BCP のコストパフォーマンス向上に大きく影響します。

　また、1 つ大きなリスクが現実のものとなると、それに関する
BCP の存在が大きく重要視されるというバイアス（偏り）が存在す
ることにも注目する必要があります。つまり、BCP において 2 つ
の Eff を追求する際には、そのバイアス（偏り）を排除し、客観性
を保った評価に基づくべきだというのが私の考えです。

4　新型コロナウイルス感染症のパンデミックが気づかせてくれたこと

　第1部で提示しました〔表1〕（海外拠点を取り巻くリスク）を再度ご覧ください。新型コロナウイルス感染症のパンデミックは、「(1)　災害事故リスク」の「感染症流行」に該当します。〔表1〕では、リスクの一覧の中で特定の国・地域にとどまらず国境を越えて拡散する可能性の高いリスク項目に「広域」という表示を付けています（この「広域」の概念には「感染症リスク」は、もともと含まれていません）。具体的には、

　①　貿易制限・通商問題

　②　原料・資材の高騰

　③　市場ニーズの変化

　④　風評

の項目で、いずれも政治・経済・社会リスクに属します。

　一方、自然災害の中には、火山の噴火など国境を越えた被害、経営上のリスクには輸出により国境を越えるリコールや欠陥製品や国際カルテル、国際的に影響ある通貨の為替など、そのリスクが国境を越えて拡散する可能性のあるものがほかにもあります。2020年の新型コロナウイルス感染症のパンデミックはまさにその1つで、グローバルに人々の往来が活発化している現代社会ではリスクの影響がより広域に拡散することをあらためて痛感させられました。

　また、通常は限られた地域内にしか影響を及ぼさないはずの自然災害や火災などの災害が、サプライチェーンの重要な役割を担っていた地域で起こったために、世界中の生産工場に大きな影響を与えてしまった事例もあります。

　このように経済活動のグローバル化の進展により、従来は限定さ

れた地域内でのリスクにとどまり、海外拠点単位の BCP で対策として十分であったリスク項目が、より広域に国境を越えて拡散するリスクとなり、グローバル視点での BCP が必要とされる領域が拡大していることに気づかせてくれたのが、新型コロナウイルス感染症のパンデミックでした。

Ⅳ　これからの BCP の方式を考える

1　従来方式の BCP では世界共通一元化が難しい

　第2部第3章で、コンプライアンス活動に適用した3階建て規範
／ルール方式を、BCP の策定手順に適用することで、どういう問
題が解決でき、何が変わるのかを従来方式の BCP の策定方法と対
比させながら考えてみましょう。

　まず、【図21】にて従来方式の BCP の概念図を提示します。

　世界中どこで何が起ころうとも事業を継続し、事業停止に対して
は早期の復旧を図ることのできる体制を構築したいという願望は、
海外拠点をもつ企業であれば、共通のものです。ところが、従来方
式ではリスク分析とそれに基づく BCP 策定をともにそれぞれの海
外拠点が行ってきていることから、一元化された共通の BCP を構
築することは大変困難です。

　この点においては、第2部で取り上げたコンプライアンス活動の

【図21】　従来方式の BCP

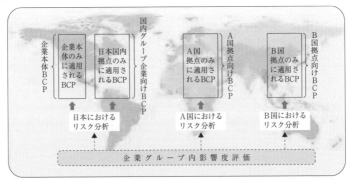

基盤となる規範／ルールとは異なります。世界共通の規範／ルールで企業グループ内を統合するような「共通方式」を BCP について実現することは難しいと思われます。

　企業グループ本社が主導的に共通化できることは、海外拠点に対して BCP 策定のガイドライン、検討手順、各種書式などの策定支援ツールをワンセットで、共通 BCP プラットフォームとして提供することまでです。一方、海外拠点側は、共通 BCP プラットフォームで提供されるガイドライン、策定手順、様式や雛型に沿って海外拠点の判断で独自に自らの海外拠点用 BCP を策定します。したがって、以下では第 2 部のコンプライアンス体制における「3 階建て規範／ルール方式」を第 3 部の BCP に適用する場合は「3 階建て方式」と称することといたします。

2　従来方式の BCP におけるリスク別対策・共通対策

　【図22】に共通 BCP プラットフォームの考え方に沿った従来方式でのリスク別対策・共通対策の枠組みの例を示しますが、これらのうちリスク別対策については海外拠点ごとのリスク分析結果に基づいて低リスク項目への対策は省略され、また海外拠点ごとの高リスク項目への対策が追加されます。

　この従来方式での BCP 策定手順に基づく場合、海外拠点の代表者のリスクに対する意識の温度差、BCP に充当できる予算や割くことのできるリソースなど、海外拠点ごとの事情で BCP の水準が左右されるということになりがちで、全体リスクの分析結果が反映されにくい、また、本社の意志が反映されにくいという欠点があります。ただし、従来方式には、海外拠点としてガイドラインや策定支援ツールを用いながら、主体的に自らの海外拠点のリスク分析を行い、それを反映した独自の BCP を策定することで、本社から押

【図22】　従来方式の BCP におけるリスク別対策・共通対策

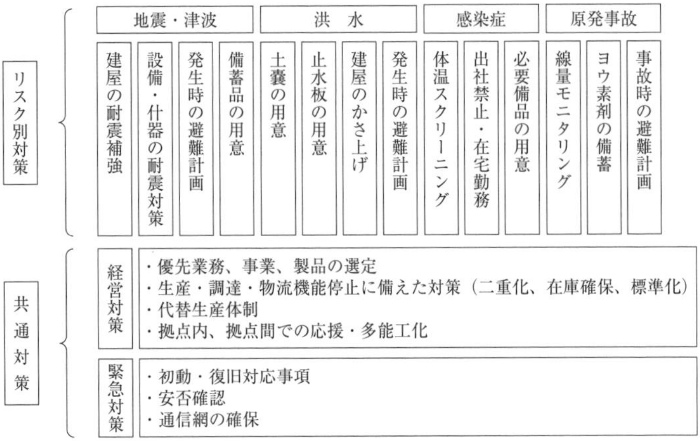

リスク別対策	地震・津波				洪　水			感染症			原発事故		
	建屋の耐震補強	設備・什器の耐震対策	発生時の避難計画	備蓄品の用意	土嚢の用意	止水板の用意	建屋のかさ上げ	発生時の避難計画	体温スクリーニング	出社禁止・在宅勤務	必要備品の用意	線量モニタリング	ヨウ素剤の備蓄	事故時の避難計画

共通対策	経営対策	・優先業務、事業、製品の選定 ・生産・調達・物流機能停止に備えた対策（二重化、在庫確保、標準化） ・代替生産体制 ・拠点内、拠点間での応援・多能工化
	緊急対策	・初動・復旧対応事項 ・安否確認 ・通信網の確保

出典：KPMG コンサルティング「グローバル BCP 構築支援」を一部加工

し付けられたと感じることは少なく、主体性を発揮できるという長所もあります。しかし、共通 BCP プラットフォームのもとで、本社側で影響度評価に基づいて海外拠点間に意図的に水準に格差をつけたガイドラインを策定することは実行可能でしょうか。言い方を変えるならば、本社の立場で、海外拠点 A は重要だが、海外拠点 B はそれほど重要でもない、と公言できるでしょうか。おそらく共通プラットフォームは影響度評価を反映しない世界のすべての海外拠点に共通の水準によるものしか提供できないのではないかと推測します。

3　3 階建て方式の BCP

次に、3 階建て方式による BCP について説明します。【図23】に概念図を示しますので、【図22】の従来方式と比較してみてください。

144

【図23】　3 階建て方式の BCP

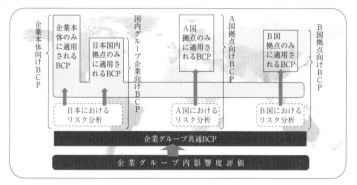

　従来方式と 3 階建て方式を比較して、一見して気づくのは、1 階の共通 BCP 部分の存在です。従来方式の BCP では、共通 BCP プラットフォームという形で、各海外拠点が策定する BCP のガイドライン、策定支援ツールとして提供されていましたが、独立した BCP の一部とはなっていませんでした。ところが、3 階建て方式では、企業グループ内の共通 BCP が設けられます。しかもその高さは全拠点均一ではなく海外拠点ごとに高さに差が設けられています。

　次の章では、各階の機能と策定方法を順に説明します。

<table>
<tr><td>第 3 章</td><td>3 階建て方式
による BCP</td></tr>
</table>

I　1 階部分の意義と策定方法

1　1 階部分の意義

　1 階部分は、企業本社が主導的立場で策定し、企業グループ内の共通の BCP として、すべての海外拠点で共通に適用するものです。企業を襲うリスクには多種多様な事項が考えられることはすでに第 1 部で示しましたが、1 階部分の設定に際しては、企業グループ内で共通 BCP を策定する汎用性あるリスク事象、すなわち、

①　国や地域を超えて拡がることが想定される可能性の高いリスク事象

②　国や地域に関係なく世界中多くの地域で同様の事態が起こりうるリスク事象

を抽出し、対象とすることが望ましいです。あらかじめ BCP 策定対象リスクを選定し、企業本社が主導してその BCP 策定対象リスクに対する BCP を策定し、企業グループ内に共通 BCP として一括して提供し、その周知を図ることになります。各海外拠点では共通 BCP の策定された BCP 策定対象リスクと、その海外拠点で独自に想定したリスク対応の独自 BCP との双方を合わせて、海外拠点 BCP としてその運用、たとえば BCP ドキュメントの整備、従業員への周知、教育、訓練、維持改善などを行うことになります。

146

【図24】　３階建て方式でのリスク別対策・共通対策

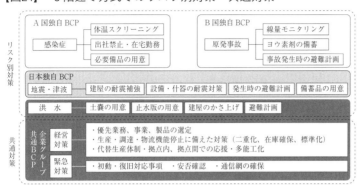

出典：KPMGコンサルティング「グローバルBCP構築支援」を一部加工

　【図24】では、洪水リスクを１階部分の共通BCPと、地震・津波リスクを２階部分の日本独自BCPと、A国での感染症リスク、B国での原発事故リスクを３階部分の独自BCPとして設定した例を取り上げています。

2　1階部分の目的

　ここで１階部分を設定することの目的は、以下の２つです。

⑴　企業グループ共通BCPを一括して策定する

　特定の地域のみにとどまらず、国や地域を超えて拡がることが想定される可能性の高いBCP設定対象リスク、国や地域に関係なく世界中多くの地域で同様の事態が起こりうるBCP設定対象リスクを取り上げて、本社主導で共通BCPを一括して策定し、それを企業グループ内で共通に運用することによって、複数の海外拠点が並行して類似した内容の検討を行うことの重複作業による非効率を減らすことが可能となります。

　【図24】の例でいうと、昨今の世界的異常気象のもとで世界各地

で風水害・洪水が発生するリスクが考えられるため、共通BCPを策定することで、世界各地が類似のBCP策定作業を同時期に重複して行うことを避け、一括策定できるということになります。

(2)　海外拠点に格差を設定する

全体最適のBCPを策定するためには、企業グループ全体のリスク分析を行い、国内および海外拠点が企業グループ全体に与える影響度を客観的に評価し、その結果をBCPに反映することが必要で、海外拠点間に格差が生じることを許容する運用は、本社が主導的に格差を設けた共通BCPを提供することでしか実現できません。この格差は、海外拠点の代表者のリスク意識の高低、BCPに充当することのできる予算やリソースなどの海外拠点側の事情で生じるものでなく、あくまで本社の行う全体リスク分析結果に基づいた、戦略的・意図的に設定された格差であるべきです。

3　1階部分の策定方法

1階部分の策定方法は、従来方式の策定方法と共通する部分が多く、以下のとおりですが、そのうち①④⑥については異なっています。特に影響度評価（BIA：Business Impact Analysis）の結果に基づく段階別調整が加えられる点が従来方式と異なります。

① 　共通BCPの対象リスクの選定
② 　企業グループ内の業務状況調査
③ 　影響度評価（BIA）
④ 　影響度評価の結果に基づく段階別の共通BCPの設定
⑤ 　リスク分析
　ⓐ 　リスクの抽出
　ⓑ 　リスクシナリオの作成
　ⓒ 　ボトルネックの所在の把握・特定

　　ⓓ　ボトルネック対策案の策定

⑥　復旧対策の費用対効果分析・評価と段階別調整

⑦　BCP 戦略・対策

⑧　組織体制・行動計画

⑴　**企業グループ共通 BCP の対象リスクの選定**

　最初の検討課題となるのは、どの BCP 設定対象リスクを選択し、共通 BCP として取り上げるかです。ただし、読者の皆さんに誤解してほしくない点があります。BCP はリスク項目ごとに対策の内容が異なりますが、一からつくり上げていかなくてはならないわけではないのです。もちろんリスク項目ごとに少しず対策の内容が異なるのは当然ですが、大枠の進め方、共通するフェーズが多くあります。【図22】【図24】の下半分の共通対策の部分がこれにあたります。

　ここでリスクの選定の参考データとして2016年に㈱帝国データバンクが BCP に対する日本企業の意識調査を行っているのでご紹介します。普段業務を行う中で最も意識している災害は地震51.8％、火災19.5％、水害7.7％、自然災害以外には不正アクセス、テロなどの犯罪行為5.6％、伝染病3.4％となっています。なお、突発的に被害が発生する BCP 設定対象リスク（地震、水害、テロ等）と段階的・長期的に被害が継続するリスク（感染症、電力不足、火山の噴火等）では BCP 発動後の復旧曲線が異なり、これは BCP の中心である復旧対策の時間軸が異なることを示します。前者については【図20】ですでに紹介しましたが、両者を並べて【図25】【図26】に掲載します。

　また、海外拠点をもつ企業の BCP という観点ではどういう点を考慮すべきでしょうか。リスク分析に際しては、自然災害や暴動・テロ攻撃の発生可能性を勘案したいところですが、特に新興国では、

149

【図25】　BCP 発動後の復旧曲線──突発的な被害の発生

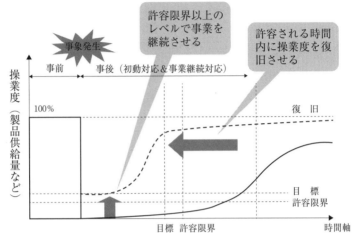

　　　　現状の予想復旧曲線

- - - - - -　BCP発動後の復旧曲線

出典：内閣府防災担当「事業継続ガイドライン（令和 3 年 4 月）」3 頁

行政区単位での粗いハザードマップしか存在しないケースがほとん
どであり、詳細なリスク分析は困難です。自然災害の発生確率につ
いても十分なデータがなく、正確な数値は多くの場合、算出されて
いません。そのため、結果として「発生しうる」「発生し得ない」
の二択でしか考えざるを得ないということになります。

　また、自然災害について、日本で BCP といえば真っ先にあげら
れる地震・津波リスクは日本と環太平洋の国々など一部の地域以外
では発生頻度が低くなるため、1 階部分の BCP 設定対象リスクと
して扱うには無理があります。

　しかし、洪水リスクは台風、ハリケーン、サイクロンなど名称は
異なっても世界の多くの地域で起こっていますので、受け入れられ

150

【図26】　BCP 発動後の復旧曲線――段階的・長期的な被害の継続

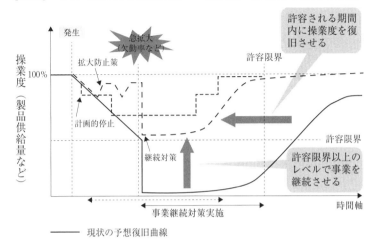

出典：内閣府防災担当「事業継続ガイドライン（令和3年4月）」4頁

　やすいでしょう。洪水以外だと、噴火リスクはいったん1か所で起こると、狭い地域に影響がとどまることなく、非常に広域にわたって影響を及ぼす（2010年のアイスランドの火山の噴火は大西洋と欧州の航空運輸に多大の被害を及ぼしました）ことから、共通BCP対象リスクの候補の1つになると考えられます。ご参考として世界の火山分布の状態を【図27】に示します。アジアでは日本、フィリピン、インドネシア、欧州ではアイスランドやイタリア、北米および中南米では大陸西側に火山が多く存在していることがわかります。

151

【図27】　世界の火山の分布状況

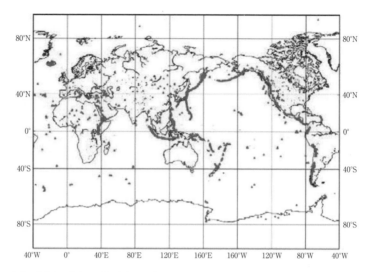

出典：「令和 2 年版防災白書」附属資料 2

(2)　企業グループ内の業務状況調査

　企業グループ内での業務状況調査は、国内および海外拠点の協力を得て、企業本体（本社）が主導的に行います。実施単位は海外拠点単位で、各海外拠点の扱う事業・商品単位で、事業が停止された場合の企業グループに与える影響度をあわせて評価します。

　評価に先立っては、海外拠点内での職務内容、取扱商品・サービスごとに〔表13〕のような業務別内容調査表、〔表14〕のような職務停止影響度調査表を作成して、これらの調査結果を企業本体（本社）で集約します。

　この調査の目的は、以下の 4 項目を企業本体（本社）の評価者が正しく認識することです。

　①　海外拠点における重要な事業を構成する業務、必要リソース

152

〔表13〕　業務別内容調査

| | 業務名 | 業務概要 | リソース（人） | | | | |
			実施部門名	社員人数	派遣等スタッフ人数	決裁者	毀損時の対応
記載内容	中核事業を構成する1業務名	業務概要を簡潔に	業務を行っている課名	業務を行っている社員数	業務を行っている派遣社員数	業務の決裁権限者	現状のリソースが損害を受けて使えない場合の代替・対策
記載例	支払業務	○○購入代金△△支払業務	経理部出納課	4人	2人	経理部長、グループ長	本部の経理員が代理決済可能

| | リソース（物） | | 作業量 | 作業に要する時間 | 作業量のピーク時期 | 業務処理上重要なタイミング | その他特記事項 |
	作業場所/施設	使用備品・設備等					
記載内容	業務の行われる作業場所・施設名	必ず業務に必要な備品を記載。ただし机・椅子・筆記用具等一般備品は記入不要	業務の1サイクルにおける作業量。この業務の仕掛の作業量（または在庫の量）	業務の1サイクルに必要な処理時間	作業量のピークのタイミングと増加率（日毎、毎月○日……）	バッチ処理、申請・承認・決済処理等、重要処理のタイミング	あれば
記載例	○○拠点2階	電話、PC	20〜30件／日	10分／件	3月、9月、月末締日前日ピーク量：平時の1.5倍	月次決済日毎月月末	なし

出典：株式会社損保ジャパン・リスクマネジメント「事業継続マネジメント（BCM）の理論と実践」19頁を一部加工

〔表14〕　職務停止影響度調査

| 業務名 | 業務概要 | 業務の停止による直接・間接の影響度 | | | | | | | 影響評価 | | 合計得点 | 評価コメント |
		社外への影響	緊急対応必要性	許容停止期間	専門性	業務代替性	システム代替性	承認決裁代替性	継続必須度	早期復旧度		
支払業務	○○購入代金△△支払業務	5	5	4	3	4	2	5	5	4	37	取引先への支払い遅延は影響大
調達業務	□□調達業務	3	2	4	2	2	4	5	1	3	26	各拠点に在庫あり

出典：株式会社損保ジャパン・リスクマネジメント「事業継続マネジメント（BCM）の理論と実践」20頁を一部加工

②　海外拠点の重要な事業に関係する継続／早期復旧業務の概要
　　と優先順位

③　海外拠点において各業務が停止した場合の影響（社会的影
　　響・顧客・自社）

④　海外拠点において必要とされる各業務の継続／復旧のための
　　必要リソースと障害事項

(3)　影響度評価（BIA）

次に、本社は、海外拠点から収集した業務状況調査の情報に基づ
き影響度評価を行いますが、その実施単位は国内および海外拠点で
す。企業グループ内影響度評価の基準の例を次に示します。

①　海外拠点の直近年度における取扱事業・製品合計売上高

②　海外拠点の直近年度における取扱事業・製品合計収益取扱事
　　業内容・製品ごとに

③　事業が停止した場合に社会的に与える影響が大きいか

④　安定的な製品・サービスの供給が現地の法令等により義務づ
　　けられているか

⑤　製品やサービスの供給を停止すると企業グループのブランド
　　価値が毀損することが想定されるか

⑥　製造業務の場合、企業グループ内外のサプライチェーン上、
　　どういう位置づけにあるか

これらの基準に基づいて海外拠点単位で評価を行い、影響度評価
シート上に評価結果を表示しますと〔表15〕のとおりとなります。

この評価手順においてご注目いただきたい点が、6 個の要素を 5
段階にて評価し、「重み付け係数」を乗じて評価点数の合計値を算
出している点です。この重み付け係数については、〔表15〕の事例
では、

①　売上高　　　企業グループの操業度維持のためには売上規模の

154

〔表15〕　海外拠点ごとの影響度評価シート

対象事業		影響度評価							優先順位
事業・商品名	概要	売上高	収益／違約金	社会的影響	法的義務	ブランド	サプライチェーン	評価点数	（参考）
		1	2	3	3	2	2	←重み付係数	
商品A	受注、在庫管理、拝送	3	5	5	3	3	4	51	1
商品A	問合せ（コールセンター）	3	2	2	3	3	4	36	2
商品B	受注、在庫管理、拝送	2	3	3	2	1	1	27	4
商品B	問合せ（コールセンター）	2	3	4	2	1	1	30	3
サービスC	○○サービス	1	1	3	3	2	1	27	4
サービスD	□□サービス	1	1	2	2	2	1	21	6
							拠点合計	192	

出典：株式会社損保ジャパン・リスクマネジメント「事業継続マネジメント（BCM）の理論と実践」16頁を一部加工

　大きい事業は維持したい。なお、顧客が進出先事業所と同一国・地域に所在し同時に被災の場合、操業継続・復旧への時間的猶予が与えられる可能性あり〔→1〕

②　収益／違約金　　企業グループの安定経営のために収益率の高い事業はやや重要。顧客との契約違反も回避すべき〔→2〕

③　社会的影響　　社会に与える影響・社会的責任が大きいサービスは重要〔→3〕

④　法的義務　　所在国の法的義務を果たすことは重要〔→3〕

⑤　ブランド　　企業グループのブランドイメージを維持することは中程度に重要〔→2〕

⑥　サプライチェーン　　企業グループ内外のサプライチェーンを支える商品・サービスは、災害対策上中程度に重要〔→2〕

という考え方に基づいてそれぞれ設定しています。

　このような重み付けの係数設定にあたっては企業グループの経営理念に照らした価値判断に基づく検討を必要とします。また、海外拠点間での影響度比較に用いるためには企業グループ内で係数・評価基準を統一する必要があります。

⑷　影響度評価の結果に基づく段階別の企業グループ共通BCPの策定

　国内および海外拠点単位で事業・製品・業務別に評価した企業グループ内の影響度評価の合計点を算出します。〔表15〕の海外拠点の事例では192点になっています。この合計点が高い海外拠点ほど企業グループにとって重要な海外拠点であり、事業が停止した場合には、その回復・復旧のグループ内優先順位の高い海外拠点だということになり、この評価結果を踏まえて、1階部分のBCPを策定することになります。

　まず、企業グループ内のすべての海外拠点について影響度評価の合計点を集計し、3段階に評価・区分し、〔表16〕のとおり、海外

〔表16〕　海外拠点ごとの影響度評価結果に基づく評価・区分

所在国	海外拠点名	合計点	段階	備考
日本	企業本社 （本社）	―	別格	本社機能に加えて東日本支社としての機能あり
	企業本体 （西日本支社）	230	A	
	国内製造関係会社	114	C	
A国	A国拠点	192	B	
B国	B国拠点	125	C	

※合計点別段階基準：200以上＝A、150〜200＝B、150以下＝C

156

拠点別に列挙します。

　影響度評価結果により企業グループ内に及ぼす影響度を A・B・C の区分ごとにリスク分析を行い、段階区分別に、業務別に目標復旧期限を設定し、それを達成できるような活動水準に「意図的に」差をつけた1階部分 BCP プログラムを本社主導で策定します。

　従来方式 BCP においても重要性確認やリスク分析は含まれていましたが、その結果は多くの場合、共通 BCP プラットフォームに反映され、明示されることはありませんでした。この点は3階建て方式が従来方式と最も異なる部分になります。

　⑸　**リスク分析**

リスク分析は、以下の手順で行います。

　　㋐　リスクの抽出・評価

　　　(A)　直接的リスクの抽出・評価

　想定する災害事故が起こった際に使用できなくなる経営資源のリスク（直接的リスク）を〔表17〕の観点に基づいて抽出します。

〔表17〕　経営資源ごとのリスク抽出の観点

経営資源	リスク抽出の観点
ヒト（要員）	重要業務従事者確保
ライフライン	電気、電話、インターネット、水道、ガス、交通
モノ（業務資産）	本社機能を稼働する拠点の確保 重要業務を稼働させる事務所・工場
情報（データ）	重要業務に必要なデータ
関係先（取引先、サプライチェーン）	調達先、納入先、物流機能
カネ（財務）	財務的な裏づけ

157

【図28】　業務の重要度と目標復旧時間

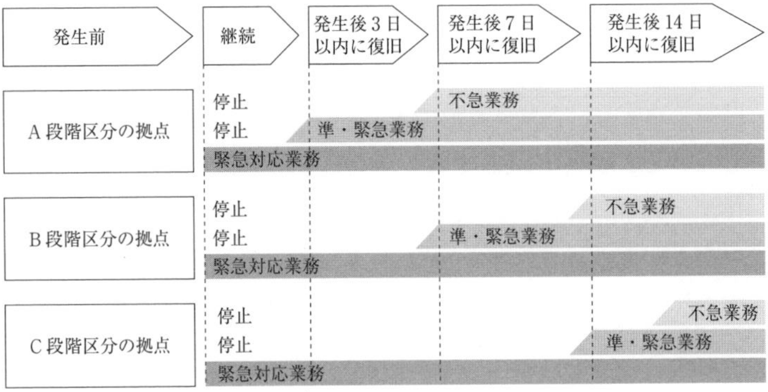

　ここでいう「重要業務」とは〔表15〕の「優先順位（参考）」欄
を高く評価した業務です。

　A・B・Cの区別別、業務の重要度別に目標復旧時間に段階差を
設け、BCPに反映します。【図28】に、段階別に優先順位を付けた
業務別目標復旧時間のイメージを示します。

　　(B)　間接的リスクの抽出・評価

　間接的リスクとは、直接的リスクから派生して生じるリスク（信
用・風評など）が相当します。その評価は、「発生可能性」と「準備
度合い」のマトリクスで評価します。

　　(イ)　リスクシナリオの作成

　抽出したリスクが現実のものとなった場合に、どのようなシナリ
オに沿って事業が影響を受けるかを経営資源別に〔表18〕に列記し
ます。

　　(ウ)　ボトルネックの所在把握・特定

　前記(ア)(イ)により、業務の復旧を長引かせる原因となる隘路（ボト
ルネック）がどこにあるかを把握・特定します。

158

〔表18〕　リスクシナリオ（例）

経営資源	シナリオ
ヒ　ト	感染防止→リモート業務、在宅業務、出張制限
備品・設備・機器	メンテナンス停止→故障時復旧困難
建物、作業環境	感染者発生→消毒、建物閉鎖、建物内での作業停止
情報システム	システム運用、メンテナンス要員の出社困難
取引先・調達先	取引先・調達先で感染者発生→取引・調達縮小
外部サービス	サービス会社での感染者発生→サービス停止
インフラ	供給停止の可能性は低いが物流、交通には制限
市　場	国内だけでなく海外を含む広範囲で市場に打撃
資　金	長期間の事業停止に伴う固定費（人件費等）

　　㈐　ボトルネック解消策

　ボトルネックを解消するためにどういう対策を行うべきか、短期的対策、中長期的対策の両者を区別して策定します。

　　㈒　復旧対策費用対効果の分析・評価

　前記㈐のボトルネック解消策を含めて復旧対策に必要な費用と復旧によって得られる効果のバランスを評価します。

⑹　BCP戦略・対策

　ここまで行ってきた影響度評価とリスク分析に基づいて重要段階別・業務ごとに目標復旧時間（RTO：Recovery Time Objective）や目標復旧レベル（RLO：Recovery Level Objective）を設定し、その達成に要するリソースや実効性を考慮に入れて、実行可能なBCP戦略と対策を決定します。また100％のリスク対策は、リソース面の制約などで困難な場合もあり、その場合はRTO/RLO達成に対

しての残存リスクを明確化しておくことも重要です。

⑺　組織体制・行動計画

BCP戦略と対策の実行部隊はあくまで各海外拠点になります。

㋐　海外拠点側の組織体制

優れたBCPが策定できても、実際に海外拠点でそれに沿った対策・行動がとれなかったら、それこそ「絵に描いた餅」です。海外拠点が現実のリスクに直面した場合、対策本部やリーダーの指令系統が機能し、事態の打開に取り組むことができる実行部隊を構築する必要があります。

㋑　行動計画

海外拠点においてBCP戦略を実行するため以下の事項について行動計画の詳細を決めておきます。

① 　BCPの発動手順や発動の判断基準、継続戦略に基づく業務・作業の分担と優先順位づけ

② 　人命の安全確保や二次災害の防止などの従来の防災活動を主体とした緊急対応の活動項目のリストアップ

③ 　事業継続のための代替ないし復旧対応の業務を含めた行動計画の策定

4　1階部分を構築するメリット・デメリット

ここまでをBCPの1階部分として本社主導で構築することで、以下のようなメリットが期待できます。なおデメリットとともに、従来方式のBCPと比較すると、〔表19〕のとおりとなります。

〔表19〕　1階部分を構築するメリット・デメリット

従来方式	3階建て方式
〔メリット〕 　各海外拠点が自らの海外拠点で作成したBCPに基づいて自らの海外拠点の事業復旧を行うため海外拠点側の当事者意識、主体性が高まる。 　また、自らの海外拠点の個別事情を柔軟に反映した内容・運用が可能である。	〔メリット〕 　1階部分を本社が主導となって構築することで汎用性あるリスクに対してBCP策定の重複業務を解消できる。 　企業グループ全体での重要度や優先順位を1階部分のBCPに反映でき、海外拠点側は本社主導で構築する1階部分のBCPを雛型として参考にしながら、3階部分のBCPを構築できる。
〔デメリット〕 　企業グループ全体での重要度評価を反映したBCPとなりにくく、一律の内容・水準となりがちである。 　各海外拠点のリスク意識や投入リソース等の事情等、リスクの客観的水準とは別な要因によりBCPの水準が左右される可能性がある。	〔デメリット〕 　1階部分のBCPを本社主導で策定・導入した結果、各海外拠点での個別事情との不整合があった場合に、海外拠点側が本社から押し付けられた、これでは役立たないという不満が起こる可能性がある。

Ⅱ　2階部分の意義と必要性

1　2階部分の意義

　2階部分は、日本にある企業本体、国内グループ企業のみが主体となって対策を検討すべき、いわば「日本独自」のリスク項目になり、【図23】の3階建て規範／ルール方式の概念図で「企業本体のみ」「日本国内拠点のみ」と表示されている部分です。その代表的なものは「地震、津波リスク」です。逆に海外拠点からみれば「自国ではリスクの低い事項」ということになり【図23】では各海外拠点向けBCPの一部を構成しているかのようにみえますが、実態はありません。逆に日本にある企業本体、グループ企業にとっては、2階部分はBCPでも大変重要な部分です。逆に企業本体、日本国内グループ企業でのBCPには3階部分はなく、1階・2階部分のみで、完成するということになります。

2　2階部分の必要性

　ではなぜ、このような海外拠点で発生する可能性の高くない日本向けリスクを「2階部分」と称して、切り離して扱うことを提言するのでしょうか。その理由は以下のとおりです。

(1)　海外拠点による3階部分の策定の参考になる

　日本の企業本体、グループ企業が日本独自でのリスクを対象にBCPを設定する「2階部分」設定手順は、あえて関係の薄い海外拠点にも提示することで、それらの海外拠点が「3階部分」を設定する場合の手順として流用・参照することが可能になります。つまり、従来方式でいうところの策定支援ツールに準じた活用ができる

ということです。

　あえて関係の薄い「２階部分」でなく「１階部分」でも流用・参照することは可能ではないかとお考えかもしれませんが、すでに本章Ⅰで説明したとおり、企業グループ内に及ぼす影響度をＡ・Ｂ・Ｃの区分ごとにリスク分析を行い、段階区分別に、業務別に目標復旧期限を設定し、それを達成できるような活動水準に「意図的に」差をつけたプログラムであるため、そのまま策定支援ツールとして利用されると、影響度が３階部分の水準にも反映されかねません。つまり１階部分は、策定支援ツールとして適さないということになります。

⑵　コンプライアンス活動とBCPとの比較

　リスクへの備えについて将来、現地での発生可能性が低いことはあっても、発生可能性がゼロであるとまではいいきれないため、２階部分を完全に削除せず残しておくことは全く無駄とはいいきれません。

　３階建て方式BCPの概念図では、企業本体、国内グループ企業、Ａ国拠点、Ｂ国拠点それぞれのBCPの高さにはっきりと高低差をつけて表示しています。日本、Ａ国、Ｂ国を比較した場合に、BCP策定の必要なリスク項目の多さ、重要度が同一ではないためで、この点は、コンプライアンスの場合に、実際にはコンプライアンス規制水準の厳格な国、緩やかな国がありながら、見かけ上は高さを揃えた、企業グループ内における３階建て規範／ルール方式のコンプライアンス規範／ルールの概念図（第１部の【図１】、第２部の【図６】【図13】参照）のごとく規範／ルール全体から１階建て部分、２階建て部分の引き算を行うのとは異なり、影響度評価、リスク分析による積み上げを行うことからBCP全体のボリューム、すなわち黒塗り部分と２階建てまたは３階部分の合計面積が、拠点によって

163

異なってきます。

　このことは言い方を変えると、BCP の１階部分、２階部分、３階部分のそれぞれについて何を取り上げ、どこまで BCP として準備・策定するかは、コンプライアンスの場合とはやや異なり、リスク予防としての事業に与える影響度、コストを考慮したうえでの企業経営上の意思決定に委ねられる範囲・自由度がより大きい、という点になります。

Ⅲ　3階部分の意義と策定方法

1　3階部分の意義

　3階部分は、海外拠点が各所在地の国・地域独自のリスク分析を行い、独自にBCPを策定するものです。このBCP策定手順は1階部分で説明したの内容とほとんど重複しますので、ここでは①すなわち海外進出拠点の所在国・地域独自のリスク選定の段階を中心に説明し、②〜⑥の手順は省略します。

① 　3階部分の対象リスクの選定
② 　業務状況調査
③ 　影響度評価（BIA）
④ 　リスク分析
　　ⓐ 　リスクの抽出
　　ⓑ 　リスクシナリオの作成
　　ⓒ 　ボトルネックの所在把握・特定
　　ⓓ 　ボトルネック対策案の策定
⑤ 　復旧対策の費用対効果分析・評価と段階別調整
⑥ 　BCP戦略・対策
⑦ 　組織体制・行動計画

2　3階部分の策定方法

⑴　3階部分の対象リスクの選定

　1階部分、2階部分を除く海外拠点の所在国・地域の独自リスクを3階部分として取り上げ、各海外拠点でBCPを策定する際に、日本とは異なるリスクに応じたBCP策定対象リスクの選定段階で

は、どういう点を考慮すべきでしょうか。

　　㋐　インフラ

　海外拠点における発電・送電系統の社会インフラが不安定な国・地域では、停電・電圧不足等の事態が生じます。停電対策としては、UPS（無停電電源装置）や自家発電機の導入が必要です。電圧は高くても低くても設備・機械に影響を及ぼしますので、電圧安定のための変圧器も必要になるでしょう。

　また、上下水道・水処理施設が未発達な国・地域では水不足が起こり得ます。上水道の水質に問題がある場合には、現地進出先拠点で勤務する従業員の衛生・健康に影響を与えます。海外拠点が製造業の工場の場合には、工業用水を安定的に確保できるかどうかも重要です。工業用水が不足している場合は、廃水濾過装置等を設置し、限りある水資源を無駄にすることなく使用できるような設備・インフラが必要になります。特に半導体、精密機械などを生産する場合には、より高度な水準の清浄な水資源の得られる処理設備が必要になります。

　　㋑　自然災害

　一定以上の頻度で地震の起こる国であっても、日本と同様の対策がとられているとは限りません。海外拠点について、過去の地震の発生頻度・建物の安全性を確認することは必須です。一方、台風・ハリケーンや豪雨、火山活動など、ある程度、事前の予測・警戒が可能な自然災害リスクについては事前の対策・備えを行っておくことで一定程度まで被害を軽減できる可能性もあります。しかし、海外拠点が製造業の工場の場合に、工場設備・施設への被害を免れたり、復旧させることができたとしても、生産活動に必要な素材・部品の調達、物資の物流・運搬、などサプライチェーンに1つでも断絶・乱れが生じると、生産を継続できなくなるリスクに晒されます。

166

　このような多岐にわたるリスクを考慮すれば、優先度の高い重要な素材・部品などは余剰な在庫を嫌うことなく、ある程度のストックを保有する、複数のサプライヤーを確保しておくことなど「全部の卵を一つの籠に入れる"Put All Eggs In One Basket"状態」を解消しておくことにも積極的に取り組むべきでしょう。

　㈬　感染症

　新型コロナウイルス感染症のパンデミック以前にも、2003年に中国を中心に流行した SARS、2014年に西アフリカで流行したエボラ出血熱、2015年に中東諸国で感染が拡大した MERS、そして同年に南米で被害が拡大したジカ熱など、高い感染力で重篤な症状を発症させるさまざまな感染症が繰り返し世界の各地域で流行してきました。海外拠点に勤務する従業員から感染者を出さないために感染経路を把握し、予防に役立てることが重要です。感染症はその種類によって媒介や感染経路、予防措置が大きく異なりますので、感染症予防策は疾病によってまた国・地域の感染予防対策や衛生環境によっても異なった内容になります。

　㈭　政情、争議、人権問題

　デモや政変、テロ・武装勢力による襲撃は国や地域によって大きな脅威となります。民衆のデモが行われる場合、ニュースや SNS の情報を注意深く収集し、もしも進出先拠点の設備や事業活動、従業員が影響を受ける可能性があると判断される場合には、重要な設備、パソコンや機密情報のデータ、資料などを安全な場所へ移動させ、従業員が巻き込まれないよう退避させておくなどの準備が必要です。現地行政・警察などへの通報・連絡手段などもあらかじめ確認しておく必要があるでしょう。

　また、海外拠点のある国や地域によっては、ちょっとしたコミュニケーションの行き違いや海外拠点の事業活動や不用意な施策・言

167

動が、民族差別・宗教差別などと受け止められ、悪意がないのに危険な摩擦や対立、従業員や現地社会の不満・不信感を生んでしまうことが起こり得ます。

　このような不満や不信感・対立を起こさないためには、日頃から海外拠点のある現地の社会環境や価値観について正確かつ丁寧な情報収集を行い、現地従業員とよくコミュニケーションをとり、1つひとつの経営判断を慎重に行う必要があります。それには、現地事情に精通した見識の高い適任のマネージャー・幹部社員を採用し、その意見や判断を聴取し、重視して経営判断を行う手続をきめ細かく行うことが効果的です。価値観や宗教などはその扱いを間違えると、人権問題に発展しかねず、企業イメージの悪化のみならず、争議や裁判に発展しかねない危機を引き起こすリスクがあることを認識しておく必要があるでしょう。

(オ)　原発事故

　原子力発電所の事故がひとたび発生すると、周辺の広範囲にわたる地域が放射線の影響を受ける可能性があります。原子力発電所と海外拠点の立地関係を確認し、事故の際に影響を受ける可能性がある場合には、BCPを策定すべきリスクあり、と考えます。日本では2011年に大地震発生後の津波により大きな原発事故が発生しましたが、海外でさほど地震・津波の発生可能性が高くない地域でも、また地震・津波以外の原因によっても原発事故は発生し得ます。

(2)　3階部分の対象リスクの優先順位

　前記(1)(ア)～(オ)の視点に立って、海外拠点独自のBCPを作成する際には、あまりに多くのリスクを掲げてしまうと、海外拠点側ではそれらをBCPにまとめ上げ、運用するためのリソース（人員、資金、ノウハウ）が不足しているために、消化不良に陥ってしまいます。1階部分で本社が作成した共通BCPの作成手順や考え方を参

168

照し、それを雛型として大いに活用してもらい、効率的に進めるとしても、過去にBCPを策定した経験が乏しい拠点においては、たとえ3階部分に限ったとしても、段階的に導入のための期間を十分にとって時間を十分にかけながら、逐次整備を進めていくことが現実的な対応策なのかもしれません。

　仮に、3階部分の対象リスクの中から優先順位をつけて選ぶのであれば、その場合の基準としては、

①　従業員の生命・安全を脅かすリスク（例：自然災害、争議、テロ、火災、感染症流行）

②　海外拠点の事業を長期にわたって停止させるリスク（例：当局による営業停止命令、重要設備の損傷、サプライチェーンの破綻）

③　企業イメージにかかわるリスク（例：人権侵害、民族・宗教差別、製造業の製品品質、環境汚染）

④　財務に直接影響を与えるリスク（例：為替、材料・部品の価格高騰）

などに該当する事項を優先的に選択すべきと考えられます。

　また、海外拠点における事業の慣習上、BCPを策定していること自体がその取引に有利に働く場合、逆にBCPを準備していないこと自体が不利に働くことがあるかどうかは、BCP対象事業を選ぶ際に影響を与えます。2012年には「事業継続マネジメントシステム」の国際規格ISO22301が発行され、米国、オーストラリア、シンガポール、英国、イスラエルそれぞれの国内では事業継続マネジメント規格が発行されています。

Ⅳ　企業本体（本社）・海外拠点間での
役割分担と連携体制

　これまで説明してきた海外拠点の BCP のうち 1 階部分の共通
BCP は企業本体（本社）、2 階部分の日本独自 BCP は企業本体と国
内グループ会社が主体となって取り組むものです。

　ところが、3 階部分の独自 BCP に関しては、海外拠点が主体的
に推進することになりますので、〔表20〕のような役割分担、推進
の責任体制について明確な共通の認識をもっておくことが重要にな
ります（実際にはもう少し細部まで、分担と責任を曖昧にせず明確化し
ておくことが重要なポイントです）。従業員に対して行う、また従業
員を巻き込んで行う □□□ 部分は、あえて 1 階部分と 2 階部分、1

〔表20〕　企業本体（本社）・海外拠点間での役割分担（例）

役割	1 階部分	2 階部分	3 階部分
事前調査	本社・拠点	本社・国内拠点	海外拠点
影響度評価	本社	本社・国内拠点	海外拠点
段階別復旧目標設定	本社	本社・国内拠点	海外拠点
リスク分析	本社	本社・国内拠点	海外拠点
BCP 文書化	本社	本社・国内拠点	海外拠点
BCP 体制	海外拠点	―	海外拠点
従業員への周知	海外拠点	―	海外拠点
教育訓練	海外拠点	―	海外拠点
物資確保点検	海外拠点	―	海外拠点
点検・改善・向上	本社	本社・国内拠点	海外拠点

階部分と３階部分を分離して従業員に提示するのではなく、１つの
BCPとして一体に扱うほうがよいと思われます。

　この３階建て規範／ルール方式の全体像を正しく理解させ、運用
させる推進活動の総括責任部署は当然、企業本体（本社）になりま
す。推進責任をすべて拠点に押し付けるということは望ましくあり
ません。BCPの導入における初期段階でのBCPの概念の周知、共
通理解の徹底は企業本体（本社）主体で推進すべきものです。

171

Ⅴ　複合災害対策

　できれば想像したくもないことなのですが、2つ以上のリスクが同時に1つの海外拠点で起こったらどうなるのでしょうか。たとえば感染症流行と地震、地震と風水害……、あげていくときりがありませんが、いわゆる複合災害です。複合災害には1つ目の災害と2つ目の災害に因果関係がある場合と、全く因果関係がない場合があります。前者の例は2011年の地震と原発事故です。一般的に災害が単独で起こる場合に比べて被害が大きく、深刻になる傾向にあります。

　このような事態に対処するBCPには2つの方法が考えられます。

1　オールハザードBCPとする方法

　1つ目の方法は、単独の災害にでも複合災害にでも、どちらにも対応できる適合性の広いBCPを策定するという方法です。BCP国際規格にはISO22320（「社会セキュリティ―緊急事態管理―危機対応の要求事項」）があり、危機（インシデント）への対応の標準的な方法が規定されています。ここで取り扱うインシデントの1つとして事業の停止があり、その具体的対応としての事業継続は、インシデント対応の方法論を基礎として、その中にある1つの対応のマネジメントシステムであると位置づけられています。これによるとあらゆるインシデントに1つのプランで対応する「オールハザードBCP」が国際規格上の主流であり、本章Ⅰ3⑸で紹介したようなリスクシナリオをベースとしたリスク分析は、必ずしも主流ではない印象を受けます。しかしオールハザードBCPを構築しようとすることは、せっかくこれまで構築してきたBCPをゼロからやり直さ

ないといけないことになりかねません。

2　複合シナリオとする方法

　2つ目の方法は、単独に策定した災害シナリオの上に想定される2つ目の災害シナリオを追加して上書きし、修正をくわえた複合シナリオとする方法です。その例として、感染症流行のさなかに風水害が発生した場合の経営資源ごとのリスクシナリオ（〔表17〕参照）に、感染症のリスクシナリオを上書きしたものが〔表21〕です（上書きした感染症のリスクシナリオをゴシック体で表示し、複合災害発生前と発生後それぞれでの追加BCP対策には下線を引いています）。

　これに対するボトルネックの把握、BCPの検討以降の手順は単独の災害のときと同様です。ただしリソースの見積りは単独災害以上に慎重に行う必要があります。リソース見積もりは文字通り、業務を継続するために必要なヒト、モノ、お金、情報をその対象として、製造機能をもつ海外拠点であれば、生産施設と設備に加えて、エネルギー、原材料、業務に関するスキルをもつ要員、生産管理システムの稼働といったすべての必要リソースを洗い出し、そのうえで、業務活動が停止した場合に目標とする復旧時間内での回復に必要なリソースを見積もるものです。

　ここで注意していただきたいポイントは、そのリソースそのものが何らかの理由で使えなくなった際に、代替可能かそうでないのかを明確に見極めておくことです。複合災害では、複数の要因が絡み合い、相互に影響を及ぼすことがあるため、多くの要因、要素の影響を整理し、掌握するのは大変ですが、このリソース見積もりの想定が甘いと、BCPが発動されても、想定外のボトルネックがあちらこちらで多発することになり、想定された期限内での事業復旧が難しくなります。

〔表21〕　複合シナリオと複合災害発生前後の対策

経営資源	感染症	風水害	シナリオ
ヒト	○		リモート勤務、在宅勤務、出張制限 **→河川氾濫により避難所で感染拡大**
備品・設備・機器	○		メンテナンス停止→故障時復旧困難 **→保管資料浸水・一部設備破損**
建物・作業環境	○	○	感染者発生→消毒、建物閉鎖、建物内での作業停止 **→建物内浸水で作業環境の毀損**
情報システム		○	情報システム運用体制の縮小 **→サーバー等システム機器の浸水被害によるシステム停止**
取引先・調達先	○	○	取引先・調達先での感染者発生による業務縮小 **→取引先・調達先での浸水被害による業務停止、取引・調達不能**
外部サービス	○	○	サービス会社での感染者発生 **→サービス停止** **→サービス停止の期間延長**
インフラ		○	供給停止の可能性は低いが物流、交通には制限 **→インフラ全般が水害発生で供給**
市場	○		国内だけでなく海外を含む広範囲で市場に打撃 **→水害で顧客・市場機能も停止**
資金	○	○	長期間の事業停止に伴う固定費（人件費等）発生に伴う資金不足

発生前対策	発生後対策
従業員の居住地確認と危険地域住居者特定 従業員の自宅ハザードマップ確認指示、在宅避難準備	極力、在宅避難を推奨
重要書類、耐水性のない設備機械の浸水回避（事前移動）	
企業所在地ハザードマップ確認	
耐水性のない設備機械の浸水回避（移動） バックアップ体制構築	バックアップ体制による業務継続、早期再開
取引先・調達先所在地ハザードマップ確認 取引先・調達先の複合災害発生時対応確認、在庫積み増し	
サービス会社所在地ハザードマップ確認 サービス会社の複合災害発生時対応確認、代替業者	
インフラ制限に対応してはどの事業から停止していくのか 影響度評価と連動して検討	
顧客とのコミュニケーション、情報発信体制準備	顧客とのコミュニケーション、情報発信継続
目標復旧に対応した資金確保	キャッシュフローの正確な把握と見直し

175

　なお、起こりうるすべての複合災害の組合せに対するリスクシナリオを一度に準備するのは現実的でないため、複合発生する可能性の高いと思われるものから順次シナリオを重ね合わせて対策を検討していくのが現実的と思われます。

第4章　4ステップで進める BCP の策定

第4章では現実にリスクに直面したときに真に実効性のある BCP とするために、〔2－3－4メソッド〕の「4」、すなわち以下の4ステップによる効率的で実効性の高い実務に則した BCP の策定と運用の方法について説明していきます。BCP 策定の標準的な4ステップとは【図29】の示す以下の4つです。

【図29】　BCP の4ステップの流れ

本章では感染症流行のリスクに対応した BCP を事例として取り上げ、海外拠点を含む企業グループの BCP を策定し、それを実効性ある運用へとつなげていくやり方を、上記4ステップに従って順を追って説明します。

I　ステップ 1――BCP 方針の作成

1　対象リスクの選定

　BCP 策定の事例に取り上げるリスクは感染症流行ですが、海外進出拠点を襲うリスクは地震や風水害などの自然災害、火災事故、原発事故、システム障害、サイバー攻撃など当然、多岐にわたります。これらのリスクすべてに対応できる適応性の高い BCP があれば理想ですが、対象とするリスクの種類や特性によって事業継続戦略や事前対策、行動計画には差異が生じてくるため、複数のリスクを 1 つの BCP でカバーしようとすると無理が生じます。ここで地震や風水害などの自然災害を想定した BCP と感染症流行を想定した BCP とを比較してみましょう。

　自然災害を想定した BCP のポイントはいかに早く復旧するか、です。災害の被害は瞬間的かつ局所的であるため、被災後は復旧作業に専念できますし、被災していないほかの海外拠点からの応援も受けることができます。したがって重要なのは、「復旧のスピード」です。

　これに対して感染症流行の被害は継続的かつ広域であるため、長期間人員不足の状況が続き、ほかの海外拠点からの応援もあまり期待できません。したがって重要なのは、「重要業務の選択」といえます。業務を積極的に休止するという意思決定は多くの企業にとっていざ実行しようとするとためらいが生じるのではないかと思われます。

　したがって BCP 策定対象となるリスクを選定するに際しては、発生頻度（可能性）と事業に与える影響の深刻度の観点から優先的

に対策を考えておくべきリスクをまず洗い出し、それらの BCP を
ひととおり作成したうえで、次の段階で BCP の対象として取り上
げるリスクを追加していくことが現実的なアプローチと思われます。

2　業務状況調査

⑴　業務内容と重要度についての調査

　まず海外進出先を含むすべての拠点での業務状況を調査します。
企業グループの規模にもよりますが、この業務状況調査には海外拠
点に協力してもらう必要があります。業務内容、業務停止影響度の
具体的調査項目を示した調査表の事例についてはすでに〔表12〕
〔表13〕で提示していますが、以下の項目が含まれていれば、特に
この調査表の事例にこだわる必要はありません。

① 業務内容（業務名、業務概要、実施部署名、社員人数、派遣等
　スタッフ人数、決裁者、毀損時の対応、作業場所／施設、使用備
　品・設備等、作業量、作業に要する時間、作業量のピーク時期、業
　務処理上重要なタイミング）

② 重要度（社外への影響、緊急対応必要性、許容停止期間、専門性、
　業務の代替性、システムの代替性、承認決裁代替性、継続必須度、
　早期復旧度）

⑵　重要事業に直接かかわる業務についての調査

　特に企業グループを支える中核の事業に直接かかわる業務につい
て、以下の点を追加して調査します。

　　㋐　顧　客

　その事業の主な顧客について重要度を設定します。その事業全体
に占める売上高の比率、業務が停止されたときの社会的影響度など
が基準として考えられます。

　㈠　収益への影響

　その事業が停止した際に収益が悪化し、企業グループ経営に影響が出ることが予想される場合、その程度に応じて重要度を設定します。

　㈡　コンプライアンスへの影響

　その事業が停止した際に、法令違反、契約上のペナルティの発生が予想される場合、その程度に応じて重要度を設定します。

　㈢　感染症流行時時の需要の変化

　感染症流行が発生した場合に、その事業の市場における需要がどう変化するかの動向を考慮します。感染症流行時には経済活動が制限されることがあるため、多くの事業では需要の減少が予想されます。一方、医療行為にかかわる事業や、経済活動の制限下でも購入・使用可能、あるいはその変化によって逆に需要が増加する商品やサービス（たとえばオンライン関連ネットワークサービス、物流サービス）にかかわる事業も考えられますので、その事業・サービスについては重要度を高く設定します。

　㈣　社会機能維持への影響

　その業務が停止した際に社会機能の維持に影響が出ることが予想される場合、その程度に応じて重要度を設定します。

　㈤　サプライチェーン確認

　その事業が停止した際に、顧客、調達先、企業グループ内外のほかの関係先とその事業や拠点にどういう影響を与えるか、その程度に応じて重要度を設定します。

3　BCP 実績調査

　現状でのすべての海外拠点における BCP の準備実績を調査します。ここで注意が必要なのは、海外拠点によっては単なる災害時行

動指針や防災方針を「BCP」と呼んでいるだけであったり、防災訓練や安否確認、情報システム障害時の復旧計画などの防災活動を「BCP」と称しているなど、実態が伴わないこともあります。形式的な報告を受けるだけでは不十分で、その実態をよく確認する必要があります。もしかすると海外拠点間でかなりの格差が生じている可能性があります。

4　BCP 方針の作成

BCP 方針とは、具体的には、

① 　BCP の基本方針
② 　BCP 策定の範囲
③ 　BCP 策定のための組織体制
④ 　当面の BCP 策定計画
⑤ 　中長期の BCP 策定計画

などのことをいいます（ここでは特に①③について詳しく説明します）。

⑴　BCP の基本方針

基本方針の策定と周知がまず BCP 構築の出発点となります。判断のよりどころとなる基本的な考えや姿勢を明確にし、それを経営者が BCP の冒頭でメッセージとして発信します。

これは、リスクが現実のものとなったときに、企業本体（本社）の意思を海外拠点に迅速に展開し、実行していくためにも大変重要なことです。特に海外拠点にとって、経営者の発信する方針は非常に重要なものです。経営者として、緊急時に意思決定の軸をどこにおくのかを明確にしたメッセージが求められます。たとえば、社会インフラを担う責任を負う企業であれば、社会インフラを絶対に止めないという社会的責任に対する使命感や理念が掲げられるのではないでしょうか。

181

　BCP とは単なる災害対策、防災にとどまらず、企業の事業活動を継続するための計画です。真の意味での企業の存在価値、使命、理念に立ち返って、平時ではない緊急事態のもとで何に優先順位を高くおいて取り組むべきかを考えることがこの基本方針策定の最も重要な意義となります。

　感染症流行 BCP を例にあげ、基本方針の項目を示すならば、

① 　事業継続対応

　　ⓐ 　重要業務の特定と継続、早期復旧のためのリソース結集

　　ⓑ 　サプライチェーンの見直し

　　ⓒ 　従業員の働き方の見直し

② 　感染予防

　　ⓐ 　企業に対しアクセスする顧客や取引先、来訪者への感染予防策

　　ⓑ 　従業員・家族への感染予防策

　　ⓒ 　感染者発生時の行動と対処基準

などの項目が考えられますが、個々の内容に際しては、流行している感染症の種類によって特徴が異なるため、変わってきます。

　しかし、BCP を策定している時点で、想定する感染症の種類や特徴などが判明するはずはありませんので、一定の仮定をおくか、直近の事例を取り上げるか、ということになります。感染症 BCP の宿命であり、ある意味、限界でもあります。

(2)　BCP 策定の範囲

　ステップ 1 で選定した対象リスクについて BCP を策定するわけですが、複数のリスクを対象とする場合は、リスクによって BCP の異なる部分と共通する部分がありますので、両者を峻別してまとめるほうがよいです。

182

(3)　**BCP 策定のための組織体制**

BCP 策定のために必要な組織体制とそれぞれの役割分担は従来方式と 3 階建て方式では以下のとおり異なります。

① 　従来方式の BCP

ⓐ 　企業本体（本社）：BCP 策定ツールを作成し、各海外拠点に提供する

ⓑ 　海外拠点：BCP 策定ツールを用いて、海外拠点にあった BCP を策定する

② 　3 階建て方式の BCP

ⓐ 　企業本体（本社）：グループ共通リスク対応 BCP（1 階部分）を策定する

ⓑ 　企業本体および国内グループ会社：日本限定のリスク対応 BCP（2 階部分）を策定する

ⓒ 　海外拠点：海外拠点独自リスク対応 BCP（3 階部分）を策定する

ただし、どちらの場合でも、BCP を策定することの重要性や意義について、策定にかかわるメンバーの間で認識共有を図ることが重要です。また、BCP を策定するメンバーに、それを実運用する側のメンバーがまったく含まれていない場合には、その後のステップでいろいろな支障が起こりかねません。策定メンバーには実運用を担う側のメンバーを参画させ、初期段階から実行可能性を考慮した実運用側の視点を反映し、意見を取り入れる体制とすべきです。

(4)　**当面の BCP 策定計画**

当面の BCP 策定計画とは、ステップ 2（BCP 計画の作成）およびステップ 3（企業グループ全体への周知、各海外拠点での教育・訓練、必要な物資確保）の段階における計画に相当します。

⑸　**中長期の BCP 策定計画**

　中長期の BCP 策定計画とは、ステップ 4 （BCP の実効性を定期的に点検・検証し、その評価結果に基づいて BCP の内容を改善し、あわせてコスト面での効率性向上につなげること）であり、2 つの Eff の観点での活動を 1 サイクル回します。その際、各海外拠点での実地訓練結果で判明した問題点を確実に拾い上げて、改善につなげることが大変重要です。

　次に現実に起こっているリスク事象を参考にして、次の BCP 策定の対象リスクとして取り上げるべき項目があると考えられる場合はステップ 1 へと戻り、4 つのステップを繰り返します。

II　ステップ2──BCP計画の作成

　BCP方針が完成したら、次に、ステップ2に移行します。ステップ2は、まずステップ1で調査した業務状況調査に基づいて「影響度評価」「リスク分析」を行います。

1　影響度評価（BIA）

(1)　影響度評価（BIA）とは

影響度評価（BIA）とは、事故や災害が発生した際に、

① どの事業・業務を優先的に継続させるのか、あるいは、早期再開させるのか

② 構成する事業・業務と、それぞれに不可欠な要素・資源は何か

③ どの程度の業務中断期間を許容するのか

を明らかにする一連のプロセスです。

　優先的に継続させる事業・業務を選定するには、各事業・業務に対して優先順位をつける必要があります。この評価における選定基準は、第3章 I 3(3)でも述べましたが、まず第1には「社会的影響」「法的義務」というキーワードです。次いで「収益／違約金」「ブランド」「サプライチェーン」となります。

(2)　優先的に継続させる事業・業務の選定基準

　以下に優先的に継続させる事業・業務の選定基準の例をあげますが、ここでは継続対象の範囲をあまり拡げすぎず、厳選して絞り込み、それ以外の事業・業務を思い切って休止対象候補として選定しておくことがポイントです。

① 継続の対象となる事業・業務の選定基準

185

     ⓐ　長期間（たとえば 1 か月間）事業を停止することにより、最低限の社会生活が困難になるおそれがある

     ⓑ　ⓐの事業を展開している顧客に多大な影響を及ぼす

  ②　継続を検討すべき事業・業務の選定基準

     ⓐ　顧客や取引先との契約に高額のペナルティ（違約金等）が含まれている

     ⓑ　取引先や調達先の経営に悪影響が出ることが予想される

     ⓒ　事業が停止した場合に収益の悪化（売上げ減少とは必ずしも一致しない）から、経営に対して大きな悪影響を及ぼすことが予想される

　感染症流行の影響度評価では、施設や設備の物理的な破損被害は基本的に生じませんが、たとえば流行ピーク時期の従業員の出社率低下、従業員や取引先従業員の直接感染など、ヒト（従業員）への影響が大きく、また仕入れ・外部サービス・インフラなどの利用が制限されることが想定されるため、この点に留意しながら評価する必要があります。感染者増加による警戒期から始まり、発生早期、感染症流行期、移行期と徐々にピークに至り、またピークの期間が長く続くため、それぞれの段階に合った対応が求められます。特にピーク期間中にいかに重要事業を継続するかに重点をおく必要があります。感染拡大を防ぐためにテレワーク等、出社しないですむ勤務形態を導入し、平時から慣れておくこと、またそのために必要なネットワークインフラ設備を整備しておくことが望ましいです。

　また、感染症被害は通常、徐々に拡大するため、発生時から随時、従業員および家族の健康状態確認ができる体制を整備しておくことも必要です。社内の感染者と欠勤者を把握することは、感染症流行下での事業継続において基本的なポイントです。具体的には感染時および回復後の自宅待機解除時の報告ツール、報告内容を定め、必

186

要であれば様式などを用意し、正確にかつすみやかに感染者とその
状況を把握できるようにすることが重要です。こうした方法で集め
た情報を集約し、感染症流行時における意思決定手順を決めておく
手続も欠かすことができません。意思決定者が不在の場合や、感染
してしまい勤務できない場合のために、代行する人もあわせて決め
ておくことも必要でしょう。

　また、仕入れ・外部サービス・インフラ等の外部経営資源が利用
できなくなるおそれがあるため、外注・委託・調達の維持が重要に
なります。資金面では復旧に必要な一時金よりも、一定期間の事業
停止に耐えられる運転資金（特に固定費）のキャッシュ確保がより
重要となります。

　さらに、この感染症流行リスクによって起こりうる事態は、高い
欠勤率もさることながら、重要業務に関連した社内外の特定キーパ
ーソンが欠勤する可能性があるということです。その場合、それま
で他の業務に従事していた別の従業員や取引先が、欠勤したキー
ーソンの穴埋めができるか、というと通常は容易ではありません。
具体的には属人的な業務を担当する従業員や、特殊な原材料を供給
するサプライヤーなどが考えられます。「代替が効くか効かないか」
は業務継続策を立案する際の非常に重要な情報ですので、必要に応
じて現場関係者へのヒアリングなどを行い、正確に把握しておく必
要があります。そして従業員についてはその業務について標準化と
可視化（マニュアル化）を進める、事前の教育や訓練により属人化
を解消できるよう代行要員をあらかじめ任命し育成しておく、サプ
ライヤーについては調達先の複数化、部材の標準化、有事の際の優
先供給契約の締結などの対策を検討すべきです。

2　リスク分析

　リスク分析とは、以下のような事項を明らかにする一連のプロセスのことです。

①　対象とする脅威に対し、どの要素・資源が脆弱なのか

②　どの要素・資源が重要業務の復旧・再開の制約となりうるのか

③　経営に対してどの程度の影響が生じるのか

④　どの要素・資源に対して対策を講じる必要があるのか

　ここで影響度評価・リスク分析・BCP の三者の関係を【図30】に示します。これら三者が相互に関連するものであることが理解い

【図30】　影響度評価・リスク分析・BCP の関係

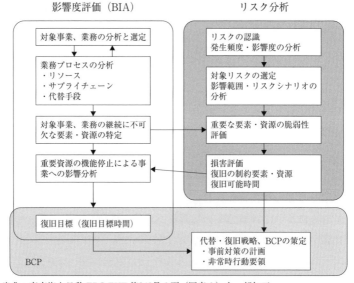

出典：東京海上日動 TRC EYE 第242号 6 頁（図表 6 ）を一部加工

ただけると思います。

⑴　リスク値の設定

　各拠点の所在地や行っている業務の特性から感染リスクを設定します。

　ここで設定した事業所ごとのリスク値は、感染防止策立案の参考情報とします。企業として最低限の共通感染防止策は当然、実施すべきですが、その水準をどう設定するかの判断は悩ましいところではないでしょうか。人対人感染の起こる感染症流行を例に、過剰な対策や不十分な対策に陥ることを防ぐためには以下の要素を考慮して判断します。ただし各要素は感染症の種類によっても異なるため、医学的根拠に基づいた判断が必要です。

㋐　所在地

　人の数が多く、人口密度の高い場所ほど、感染リスクは高くなります。例として、都心とそれ以外などの2段階程度に分類することが考えられます。

㋑　主な通勤手段

　電車・バスなどの公共交通手段を利用して通勤する場合、一般的に感染リスクが高まります。各海外拠点において一般的な通勤手段をリスク値設定の対象とします。

㋒　他人と近接する業務

　各事業所に勤務する従業員が業務の都合上、他人（顧客・他の従業員）と近づく可能性が多くある場合、感染リスクが高くなります。各海外拠点におけるこのような業務の割合・頻度を勘案し、リスク値を設定します。

㋓　多数の者を集める業務

　顧客・他の従業員など多数の者を1か所に集める業務では感染リスクが高くなります。各海外拠点におけるこのような業務の割合・

189

頻度を勘案し、リスク値を設定します。

(2)　リスク値の算出

　各項目のリスク値の設定が終わったら、事業所のリスク値を算出します。

　事業所のリスク値の算出は、BCP主管部門内で定性的に行う方法と各要素に重みをつけ、評点の合計値を算出するといった方法とがあります。算出したリスク値は感染防止策の立案時に海外拠点間で感染防止策の強弱をつける場合の判断基準となります。

　ただし、所在地を統括する政府の方針や、企業グループとしての従業員の感染リスクに関する方針が定まっている場合は、それに従うのが望ましいので、その場合はリスク値を厳密に算出しなくてもよいと思います。

　㋐　リスク分析に際して考慮すべき項目の例

　　(A)　対象業務

　その事業を運営するのに必要な業務をリスク分析対象とします。対象業務は、担当部門が複数の部門にまたがらない程度の粒度が望ましいです。

　　(B)　業務内容

　その業務内容について簡潔に整理します。

　　(C)　担当部門

　その業務を担当する部門を確認します。

　　(D)　必要な外部リソース

　その業務を遂行するにあたり、担当部門以外のリソースが必要かどうか確認・特定します。ここでのリソースは社内外を問いません。

　　(E)　許容停止時間

　その業務が停止してから、継続対象事業の事業継続が不能となるまでの時間を算出します。たとえば、原材料の購買業務において、

平均1か月分の在庫を保有しており1か月間、購買業務が停止して
も継続対象事業の事業継続には影響が出ない場合、許容停止時間は
1か月となります。

　(イ)　継続対象事業・業務の選定

　考慮すべき項目の整理の次には業務内容と許容停止時間を勘案し、
継続対象事業・業務を選定します。感染症流行の期間は約2か月間
程度を想定し、許容停止時間が2か月未満の業務は継続対象事業・
業務とする方向で検討することが出発点です。ここで選定した継続
対象事業・業務を対象に BCP 戦略・対策を立案します。

3　BCP 戦略・対策

　ここまで行ってきた影響度評価とリスク分析を踏まえて、以下の
ような手順で BCP 戦略を策定します。

① 　許容される事業中断時間内での復旧・再開を可能にするため
　の方法として代替戦略や早期復旧戦略を検討する

② 　それぞれの戦略に基づいて、重要業務の復旧・再開において
　制約となりうる要素・資源（ボトルネック）を解消するための
　対策案を洗い出す

③ 　対策案の効果（復旧時間など）や実施費用（初期費用、維持・
　運用費用、BCP 発動時に伴って必要となる費用など）を見積もる

④ 　目標復旧時間（RTO）や目標復旧レベル（RLO）を見直し、
　費用対効果や実効性を考慮に入れて BCP 戦略と対策を決定す
　る

⑤ 　残存リスクを明確にする

　感染症流行の場合、流行拡大前に何らかの予兆があり、段階的に
影響が拡大していくことが一般的ですので、重要業務の継続戦略と
しては、被害の軽減のために、在宅で重要業務が継続できるような

191

環境を構築する戦略、それも難しければ思い切って業務を縮小・停止する戦略が必要です。

　この場合、ボトルネックを特定し、それらに対して適切な対策を施すことが欠かせないため、リスク評価・被害想定を行うことが必要となります。

4　組織体制・行動計画

　BCP対策を実行する組織は、従来方式でも3階建て方式でもあくまで拠点になります。この段階ではそれぞれの組織体制を編成し、行動計画を策定します。

(1)　海外拠点側の組織体制

　実際に海外の拠点が緊急事態に直面した場合、企業本体（本社）の意向を無視して独断で行動する、あるいは、まったく逆で完全に指示待ちに陥ることがあります。無計画に行き当たりばったりで対処するのではなく、また指示待ちに陥ることもなく、海外拠点のBCPのリーダーは緊急事態だからこそ起こっている事実、特に悪いニュースを迅速に入手し、確実な指令系統をもって対処していくことが求められます。また、対策本部やリーダーの指揮の下に緊急事態に取り組むための実働組織を明確にしておくことも欠かせません。特に、企業の稼働に欠かせないインフラ、施設、設備の復旧作業に従事するチームや、取引先との連絡・調整を担当する渉外担当のチームは、在宅勤務での事業継続を選択肢に含めて機能を維持する必要があります。

　ほかにも従業員の安否確認や避難指示、備品など必需品の手配を行う後方支援の体制、復旧に向けた資金調達や決済機能を管理する財務体制も重要です。これらのチームが互いに連携して機能することで効果的なBCPが実現できるのです。

192

　ここで忘れていただきたくない重要なポイントが1つあります。本社自身も企業グループの1つの拠点であり、海外拠点と同様の、あるいはそれ以上の対策を怠らないでいただきたい、ということです。灯台下暗し、あるいは紺屋の白袴という諺がありますが、本社のBCP機能が不十分で機能停止に陥るようなことがあると、多くの場合、企業グループ全体にとって致命的な状況を招きます。また地震等の自然災害リスクと異なり、感染症流行リスクに対しては本社機能を別拠点に一時移転し、避難することは現実的ではありません。

⑵　行動計画

　海外拠点においてBCP戦略を実行するためには、以下の2つの視点から行動計画の詳細を詰めておく必要があります。

①　BCPの発動手順や発動の判断基準、継続戦略に基づく業務・作業の優先順位づけを行い、計画を具体化する

②　緊急対応に加えて、事業継続のための代替ないし復旧対応の業務を含めた行動計画を明確にする

　行動計画には、拠点間の連絡・通報体制や指揮命令系統、部門ごとの役割と部門間の連携を可視化する資料を含みます。また、業務の代替実施手順、施設・設備の被害状況の把握や復旧計画の策定手順など、ポイントとなる業務については具体的なマニュアルや手順書を作成します。さらにこれらの対応計画は全社または事業部門、海外拠点に加えて、部門ごとにも行動要領として明確にする必要があります。

　ここで、感染症流行の流行が拡大していく際の業務・作業の流れの例を【図31】に示します。感染症流行が発生してからの時間的な推移とある部門の業務の割合の関係を以下の4つに区分しています。

193

【図31】　行動計画の4つの区分（感染症流行の場合）

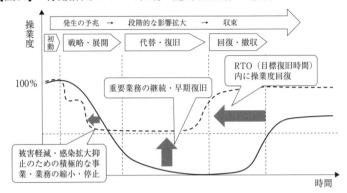

出典：中小企業庁「中小企業BCP策定運用指針を用いた新型インフルエンザ対策のための中小企業BCP策定指針」15頁を一部加工

①　初動フェーズ

感染開始直後であり、BCPを作動させます。

②　戦略・展開フェーズ

感染症流行の進展に応じて、被害軽減・社内外への感染拡大防止や重要業務要員確保のために積極的に重要業務以外の業務の縮小・停止を行います。

③　代替・復旧フェーズ

重要業務を継続しながらその操業度を早期に回復します。

④　回復・撤収フェーズ

重要業務以外についても目標復旧時間内のなるべく早期に操業度を回復していきます。

5　BCPの文書化

ステップ2の最終段階としてこれまで検討してきたBCPをまとめて文書化します。

194

　BCP担当部門にとってはすべてが重要な規定になりますが、文書体系上においては「作成担当部門」や「3階建て構成」など「どの部署の誰が作成したか」を表面に出すのではなく、平時緊急時、部署別、原因事業別など、【図32】に示すように「全社共通」「部署別」「事象別」「平時使用」「緊急事態発生時使用」というようにBCPに則って行動する際の運用する側にとってのわかりやすさを優先した文書体系とすべきです。

　一方、各拠点のBCP担当部門、それ以外の各部門にとっては関係する必要なBCP文書は自部門に関連したものに限られ、しかも

【図32】　BCP文書の構成

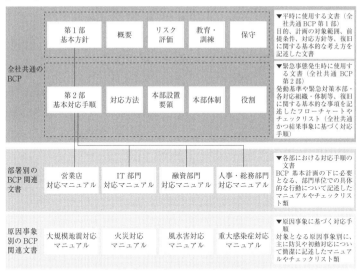

〈上記文書構成におけるポイント〉
▼平時に使用する文書（全社共通BCPの第1部）と緊急事態発生時に使用する文書（第2部）を分ける。
▼全社共通の対応手順（全社共通BCPの第2部）と各部における対応手順の文書（部署別のBCP関連文書）を分ける。
▼結果事象に基づく対応手順（全社共通BCPの第2部）と原因事象に基づく対応手順（原因事象別のBCP関連文書）を分ける。

出典：宮原潤「BCPの見直しにおけるポイント」情報センサー2015年2月号

その内容は教育・訓練の際やそのリスクに直面した時を除いては、平素から頻繁にアクセスされるものではありません。したがって、各種マニュアルの内容を難解なものにせず、わかりやすい図表を多用して、緊急時にも間違いなく読み解くことのできる表現のものにしておく必要があります。

Ⅲ　ステップ3──導入と実施

1　現地従業員への周知

　いくら立派な BCP を策定しても、それを実行する従業員が理解し行動してもらえなければ機能しません。海外拠点においては現地従業員が全員理解できる言語での文書化・翻訳が必須です。

　また、従業員の意識・関心にもよりますが、膨大な内容の関連文書を従業員が読み、理解し、緊急時にそれを守って行動することは簡単ではありません。最低限これだけは、というような緊急時対応、最低限の遵守事項などを簡潔にまとめた携帯用リーフレットを作成し、全員に配布する等の方策は、特に現場を抱える職場においては BCP の緊急事態下での実用性・理解度の向上に役立ちます。

2　現地従業員への教育・訓練

　従業員の人たちが普段やろうとしてもできないことは、間違いなく緊急時にもできません。せっかく時間と手間をかけて策定した BCP を緊急時に役に立たない「絵に描いた餅」にしないためには、平素から従業員に教育訓練を行い、BCP を実行に移せる体制とする必要があります。

　また、国・地域によっては従業員の定着率が悪く、従業員の数は増えなくても、年に何回も採用を繰り返している企業もあります。こういう企業だと毎回繰り返して新たに採用した従業員への教育・訓練で手一杯になってしまい、教育レベルを引き上げていくことが難しくなってしまいます。

　BCP については、知識教育・情報提供にとどまらず、緊急事態

〔表22〕　BCP 教育・訓練の種類

	形式	例	概要
教育・啓発	個人教育	テキスト配布／e-Learning	BCP の紹介、災害発生時の行動・役割など基礎知識の習得
	グループ教育	部門別・階層別教育	部門別・階層別などの単位での計画書や手順書の読み合わせ／役割分担や連携方策の確認
	集合教育	セミナー・研修・ワークショップ	BCP にかかわるテーマや最新情報などの知識の付与
	キャンペーン	掲示・パンフレット配布	一定の頻度での BCP の周知や災害に対する意識や啓発
訓練	ウォークスルー	ウォークスルー	計画書や手順書を片手に、代替施設への移動や手順の確認などを行う訓練
	机上訓練	机上訓練・シミュレーション訓練	シナリオを提示し、計画の基本事項や部門別の対応の確認あるいは判断力を養う訓練／被害などの状況を刻々と変化させて情報を付与し、都度判断・指示・情報のやりとりを行う訓練／意思決定訓練、部門連携訓練、広報対応訓練など
	実地訓練	単体テスト	特定の部門における事業継続訓練／対策本部訓練、業務再開訓練など
		機能テスト	機能の有効性をテストする訓練／連絡訓練、安否確認訓練、代替施設稼動訓練など
		フルテスト	単体テストや機能テスト、机上訓練を組み合わせて対応力を確認するフルスケール訓練

出典：東京海上日動 TRC EYE 第242号11頁（図表10）を一部加工

に直面したときに行動できるよう、普段からの演習・ロールプレイ
の積み重ねが重要です。BCPに関連する教育・訓練の種類別の事
例を〔表22〕にまとめました。

3　必要備品の確保

　感染症流行の場合には、各海外拠点単位でまだ感染者が発生して
なくとも流行の兆しがみえた時期からは感染予防対策用備品（例：
不織布マスク、消毒用アルコール、液体せっけん、うがい薬、N95マス
ク、ゴム手袋、ゴーグル、ウェットティッシュ、毛布、漂白剤（次亜塩
素酸ソーダ）、ビニール袋、加湿計、体温計、非接触型体温計等）を確
保しておくことが望ましいです。

　また、同一国内であれば拠点間で融通し合えるよう、本社では必
要備品の海外拠点ごとの保有情報を一元化しておくとさらによいで
しょう。

199

Ⅳ　ステップ4──運用と改善

1　自己点検と第三者点検による見直し

　BCPはいったん策定したら、それで完成ではありません。策定したBCPの実効性が担保できているのか、また効率性を定期的に点検し、見直すべき点を洗い出します。

　点検の方法は自己点検、第三者点検のいずれかまたは両方が考えられますが、特に以下のような点に着目して点検すべきです。

①　想定していなかった事象のうち、対応策を検討しておくべきものはないか

②　海外拠点における新たな重要業務の追加、商品構成の変化、工場などの再編成、サプライチェーンや取引先の変更がBCPに反映されているか

③　実地訓練を行った結果、BCPで想定していなかった実務面での問題点が浮かび上がってきていないか

④　海外拠点がリスクに直面した場合に、とるべき対応が容易に判読できないような膨大な分量、難解な内容のBCP文書になっていないか

　海外拠点における感染症流行BCPを念頭においた具体的な点検項目別のポイントを〔表23〕に列挙します。

　なお、2回目以降の点検の際は上表の「点検のポイント」に記載した事項がBCPに含まれているか／いないかに加えて、前回点検時からBCPの内容を変更する必要のあるような状況や環境の変化が生じているか／いないかについても確認が必要です。

〔表23〕　具体的な点検項目（感染症流行の場合）

分類	点検項目	点検のポイント
方針	基本方針	すべての従業員が理解できる言語で策定または翻訳してあるか
	基本方針の周知	全拠点すべての従業員に周知しているか
体制	社内体制	全拠点で確立しているか
	体制メンバー	人事労務担当者・産業医が参画しているか
	体制トップ	経営者は体制構築に関与しているか／率先、重要業務、従業員へのメッセージを発信しているか
事業の理解	社会機能維持	求められる可能性があるか
	自粛要請	受ける可能性があるか
	重要事業	有無の判断は最新状況に照らして妥当か／継続への必要資源（人、物、金、情報）は確保できているか
事業継続策	継続レベル（継続、縮小、停止）	流行段階別ごとに、取引先企業・サプライチェーンの要請を考慮して策定してあるか
	継続に必要な資源への影響	漏れなく評価してあるか
	取引先	感染拡大時の対応につき平時より協議を行っているか／感染拡大時に生産計画・BCPを再確認する体制がとれるか／問合せ対応責任者、連絡先は明確になっているか
海外拠点	日本人駐在員	帰国、現地滞留方針に関する決定手続を定めているか
財務状況	運転資金	長期必要資金をどうやって見積もるか／必要な資金確保はどうやって行うか
継続策	必要要員	代替要員を定めているか／在宅勤務のできるインフラ・体制をとっているか／応援・重要業務代行の可能な体制をとっているか

	必要部材	在庫品（部品、原材料など）の積増しをリスクを勘案しつつ計画的に行っているか
事前対策	感染予防策	従業員・来訪者に対して対策の選択肢を準備しているか／流行段階別に予防策の選択肢を準備しているか／必要物品を確保しているか
BCP	発動	発動の基準・手続は明確になっているか／発動決定者（その不在時の代理者）は明確に定められているか
	体制	企業グループ内 BCP 体制（本社・各海外拠点）は明確になっているか
情報	緊急連絡先	従業員全員に緊急連絡できる体制をとっているか／保健所等の公共サービス、行政組織の連絡先は把握しているか
教育	従業員向け	BCP につき従業員に対して方針を周知し、意識づけを図っているか／感染症流行予防に関する情報・知識をタイムリーに付与できる体制になっているか
訓練	代替業務訓練	重要業務の代行につき訓練を行っているか
	在宅勤務	平時に試行しているか／ IT インフラ等につき十分な備えがあるか
	感染者発生時の対応	従業員・来訪者に感染者が出た場合の対応を明確にしているか
BCP	維持・更新	水準を維持し、定期的に更新を図っているか／内容を必要に応じて見直しているか／BCP の必要経費・資金を内容の見直しに応じて再見積もりしているか／更新した内容を従業員へ周知しているか

出典：中小企業庁「中小企業 BCP 策定運用指針を用いた新型インフルエンザ対策のための中小企業 BCP 策定指針」29頁〜31頁を一部加工

2　2 つの Eff の視点からの評価

　ここで再三にわたり登場するキーワードは、〔2 − 3 − 4 メソッド〕のうち、2 つの Eff、すなわち、効率性（Efficiency）と有効性（Effectiveness）です。以下ではそれぞれの例をあげます。

①　効率性（Efficiency）の評価指標

　　ⓐ　BCP 策定活動に充当した人数×延べ時間（ライン部門の教育・訓練受講時間、点検従事時間を含む）

　　ⓑ　BCP にかかった諸経費（人件費、啓発ツール（ポスター等）制作費用、感染予防対策費用、在宅勤務インフラ整備費用等）

②　有効性（Effectiveness）の評価指標

　　ⓐ　BCP 教育・訓練の受講率（受講者実績数／受講対象者数）

　　ⓑ　BCP 情報を社内ネットワーク上に掲載している場合、その従業員 1 人あたり期間内総アクセス数

　ここで留意いただきたいのは、この評価は海外拠点間の相対比較に使うことは避け、あくまで自らの海外拠点の評価、過年度との比較に用途を限定したほうがよい、すなわち評価結果はほかの海外拠点に公開せず、企業本体（本社）とその海外拠点のみ限定で共有すべきだということです。評価結果を企業本体（本社）に集約し、内々に横通しして比較してみるくらいはいいでしょうが、拠点間での比較結果を公開しないほうがよい理由としては、以下のようなものがあげられます。

①　海外進出拠点間で事業内容、発生リスク、拠点規模、従業員の構成、定着率などの諸条件が異なっており、それを考慮しない中での拠点間比較は意味が薄いこと

②　投入コストと有効性の相互関連を解明できない中では、定量的比較評価を行うことはできない。過年度の自部門実績との項

203

目別変化幅の把握が、評価できる限界であること

③　BCP 活動の最大の成果はリスクを最小限にとどめ、目標復
旧時間（RTO）や目標復旧レベル（RLO）を達成することであ
るが、この視点での評価についてはリスクが現実のものとなっ
た後であれば、目標復旧時間（RTO）や目標復旧レベル
（RLO）を算定できても、発生するまでは評価できないという
ことで定期的な評価点検とはいえないこと、また BCP 導入の
結果、短縮された復旧時間や復旧水準を BCP がなかった場合
と比較することは発生後においても算定困難であること

3　評価を踏まえた改善

　BCP 活動の評価は海外拠点単位で、定期的に継続して行う必要
があります。評価は、改善すべきポイントを見つけ出し、次のサイ
クルの 4 ステップの開始につなげていくことが目的であり、また、
改善ポイントは次年度の海外拠点での活動計画に織り込むことにな
ります。

　評価手続は海外拠点の自己評価で差し支えありませんが、他部門
との相互点検による評価などを受けると、さらに客観的な評価が期
待できます。実は、このような企業グループ内の他部門との相互評
価には、評価される側だけではなく、評価する側にも自部門の課題
に気づき、啓発をもたらすという副次的効果があります。いい意味
での改善競争を促すのです。

　評価の方法ですが、これまで述べた視点から今回評価時点での絶
対水準の状況と前回点検時点（ビフォア）から今回時点（アフター）
の間の改善状況（差分）の両方を比較し、評価します。後者の評価
結果の判断基準は「前回と今回の変化の差分評価で前回点検時から
の改善がみられるかどうか」が中心となります。過去の評価時に積

み残されていた問題点がどう改善されたか、という前回点検結果の
フォローアップを忘れずに行うことが重要です。評価しっぱなし、
活動しっぱなしではせっかくの 4 ステップが次の一巡へつながらず、
どこかへ消えてしまいます。一歩一歩、丁寧に、愚直に継続するこ
とが欠かせません。

　また、ある程度同一条件下での絶対水準評価が可能な状況であれ
ば、あるいは企業グループ全体の中でのその海外拠点の相対順位を
示しうるのであれば、その海外拠点の絶対評価が極端に劣悪な水準
でないか、あるいは相対順位でみて、企業グループ全体の中でも低
位に甘んじていないかという検証に基づいて目標を設定することは
可能です。

4　水準の向上

　BCP を策定し、教育訓練に注力してきたとしても、実際にリス
クに直面し、危機を経験すると、完璧な BCP など存在しないこと
を痛感すると思います。

　「想定外」という言葉が、BCP がいざというときに十分機能しな
かった場合によく使われますが、BCP の水準の向上とは、言い換
えると「想定の範囲を広げる」ということだと考えます。ただリス
ク管理につきもので、リスクが発生すれば「救世主扱い」、発生し
なかったら「無駄金扱い」されるというゼロか100かということが
あり、また一般的にいって50点、60点の BCP を70点、80点に引き
上げるにはさほど大きなコストや労力はかかりませんが、70点の
BCP を90点、95点に引き上げるには途方もないコストと労力がか
かるという費用逓増のしくみがあります。

　したがって、第 1 部Ⅳで述べたようなリスク管理の手法（①回避、
②転嫁、③低減、④受容）のうち「転嫁」と追加コスト増分との比

205

較は、一度行っておくべきだと考えます。力まかせにやりとげたほうがよいことと、そうでないことがあります。BCPにおいてはリスクを完全に「回避」することは本質的に難しいため、2つのEffの観点からは「低減」と残ったリスクの「受容」または「転嫁」がよりよい選択である場合がある、ということです。

第3部（BCP の策定と実践）のまとめ

☑ 海外拠点をもつ企業のおのおのの海外拠点が直面するリスクは所在地によって大きく異なるため、従来は海外拠点単位で BCP を策定することが一般的であり、部分最適に陥りがちで、全体最適は達成困難でした。

☑ 企業グループ全体でのリスク分析に基づいた3階建て方式の BCP の導入により、全体最適を指向した BCP 水準の調整が可能です。

☑ BCP においても、全体効率を考慮しながら実効性を維持し、教育訓練や評価のサイクルを回しての継続的バージョンアップが必要ですが、これを企業本体（本社）が海外拠点を主導して実施できるプロセスが3階建て方式の BCP に織り込まれていることがポイントです。

207

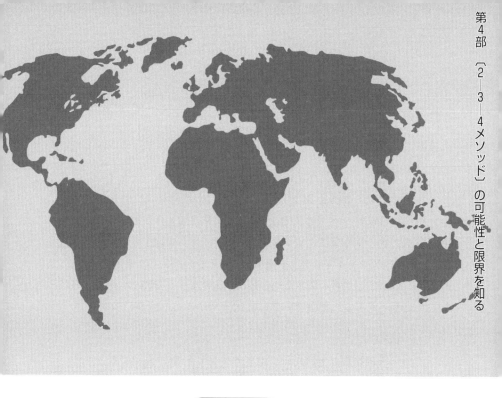

第４部

〔２―３―４メソッド〕の
可能性と限界を知る

I 残された3つの疑問

本書では、海外進出企業を対象とした企業グループ全体のコンプライアンス体制とBCP策定について、それぞれ2つのEff（効率性（Efficiency）と有効性（Effectiveness））を達成するための3階建て規範／ルール方式による4ステップのサイクルを回す手法、すなわち〔2-3-4メソッド〕を適用することを提唱してきました。

けれども読者の皆さんの中には、次のような疑問をもたれた方がいらっしゃるのではないでしょうか。

《疑問1》
　事例に取り上げたコンプライアンスとBCP以外に〔2-3-4メソッド〕を適用できる可能性のある領域は、ほかにどのようなものがあるのか？

《疑問2》
　〔2-3-4メソッド〕が得意とする領域はどこなのか？

《疑問3》
　〔2-3-4メソッド〕が不得手な領域、または相性の悪い、弊害の大きい領域があるのではないか？

ここでは、締めくくりとして、以上の3つの疑問への答えを私なりにお示ししたいと考えます。

Ⅱ　あらためて〔2－3－4メソッド〕とは何かを考える

　海外進出を行う日本企業では、本社のある日本と海外拠点で、風習・文化・価値観に相違があるために話がかみ合わない、というのはよくある話です。たとえば日本側から進出先に拠点トップへ幹部を送り込んだとしてもその軋轢は送り込まれた日本人幹部と現地採用の従業員との間で同様に起こるでしょう。

　一方で、1つの経営方針に従って経営目的を達成するために、本社も拠点もベクトルを合わせて同じ方向を向いて協力しなくてはグループ企業の経営はうまくいくはずがありません。独立独歩、唯我独尊の会社の寄せ集めでは、1＋1＝2以上になり得ません。むしろお互いが競い合って無駄な企業内競争を繰り広げて足を引っ張り合い、1＋1＝1.8にしかならないかもしれません。戦う相手を間違えているのです。

　実は同様のことは程度の差、規模の差こそあれ、人間が複数集まり集団を形成している中では、国内・海外などのロケーションに関係なく、どこでも起こりうる話なのです。海外進出など行っていない日本国内の企業でも本社と支社、東京と大阪、商品A販売部と商品B販売部など……。

　〔2－3－4メソッド〕とは、「効率的で」「効果的に」異なる組織をまとめて管理・運用・活動等を行っていくためにその対象となる管理の中身・運用・活動等を細分化してみたら、共通部分と相違部分がある場合に、

① 組織には通常、親子関係・上下関係があるので、その親または上位組織が共通部分を取り出して1階部分として担当する

211

 ②　1階部分を担当する親または上位組織が、自らの独自部分を
  2階部分として担当する

 ③　1階部分を担当しない子または下位組織が、自らの独自部分
  を3階部分として担当する

という3階建ての構造にして1階部分・2階部分を親または上位組
織、3階部分を子または下位組織が分担して運用すると、

 ①　ムリなく（＝通常、親または上位組織は1階部分・2階部分両方
  を運用できる能力、リソース、余裕はある。逆に子または下位組織
  には自分独自部分すなわち3階部分で手一杯のことが多い）、

 ②　ムラなく（＝子または下位組織の能力、リソースによる出来・
  不出来のバラつきを少なくする）、

 ③　ムダなく（＝同じ企業グループの複数拠点で重複した運用業務
  をせずにすむ）、

企業グループ全体をまとめることができるのではないか、というメ
ソッドであるといえます。

Ⅲ 〔2－3－4メソッド〕が活かされる領域とその限界

1 〔2－3－4メソッド〕が活かされる領域

本書で事例として取り上げたコンプライアンスと BCP 以外の経営に関する管理項目・運用改善活動等にも、〔2－3－4メソッド〕の考え方を展開することができます。その必要条件は以下の3つです。

① 条件1：複数の構成組織をもっていること

② 条件2：複数の構成組織がどういう形でどういう分担をしているにせよ、組織全体で管理・運用・活動していること

③ 条件3：複数の構成組織間で管理・運用・活動の中身を比較すると相違点と共通点の両方があること

この3つを満たす複数組織の集まった集団であれば、〔2－3－4メソッド〕の考え方が適用できます（これが《疑問1》に対する回答になると思います。ただし、適用することで十分なメリットが発揮できるか、逆に弊害が起きないか、という話は別です。これは《疑問3》に関係します）。

上記③の条件については、管理・運用・活動等を展開するときの難易度に影響します。つまり相違点が多く、共通点が少ないと、お互いの理解、合意形成、協力関係の構築に労力がかかります。逆に共通点が多く、相違点が少ないと理解、合意形成、協力関係の構築は楽です。これは、国内／海外、日本国内企業での本社／支社間、東京／大阪間、商品A／商品B間いずれでも同じです。ただ本書で海外進出企業を取り上げたのは、一般的にいって相違点が多く、

213

共通点が少ないために相互理解・合意形成・協力関係構築が困難な場合が多いことが想定されるからで、異なる組織をまとめて効率的・効果的に管理・運用等を行う方法を説明する必要性を感じたからです（これが《疑問2》に対する回答になると思います）。

逆に、複数の構成組織であっても共通点が多く、相違点が少ないと、理解、合意形成、協力関係の構築に要する労力が少なくて済む傾向にあり、〔2－3－4メソッド〕のメリットである「効率性」「有効性」を発揮できる余地が少なく、ほかのやり方でも効率や効果を落とすことが少ない、つまり〔2－3－4メソッド〕のメリットが十分に活かされない可能性があるというのが、《疑問3》についての回答になると思います。

2 〔2－3－4メソッド〕の限界

ここで〔2－3－4メソッド〕の問題点や限界についても触れておかなくては客観性を欠くと考えます。

〔2－3－4メソッド〕の問題点や限界は、本書で取り上げたコンプライアンスと BCP のどちらの事例でも起こりうる問題ですが、従業員の目に直接触れる「規範／ルール」でも、「海外拠点の BCP 文書」でも表現や内容レベルの均整、フォーマットや表現の統一性がとれていないと「木に竹を継いだような違和感」が残る点です。1階部分・2階部分と3階部分の分担を行うことは効率的な反面、この「違和感」を生みやすいことが問題だと思われます。

この違和感を軽減し、解消するためには、従業員が目にする「規範／ルール」あるいは「海外拠点の BCP 文書」の文言や記載レベルを極力揃えて、読む側に違和感を与えないよう努めることが大事だと思われます。その際、本社の担当する1階部分・2階部分に3階部分を合わせようとするか、逆に1階部分・2階部分を3階部分

に合わせようとするかはどちらのやり方も考えられます。「規範／ルール」あるいは「海外拠点の BCP 文書」の文言や記載レベルを一本に揃える作業を、1階部分・2階部分を担当する本社側が担当するのであれば1階部分・2階部分をベースにして、3階部分を合わせる（前者）、逆に3階部分を担当する海外拠点側が作業を担当する場合は3階部分をベースにして、1階部分・2階部分を合わせる（後者）というのが自然でしょうが、その逆でも構わないと思います。

〔2−3−4メソッド〕の限界についてはその目的が「効率性」「有効性」である以上、複数の構成組織が最少の2個（本社と1拠点のみ）であったり、管理・運用・活動の中身の海外拠点間での相違点が共通点に比べてわずかである（海外拠点間で差が小さい）と、わざわざ導入するに値しない、つまり「効率性」を享受できないケースが起こりうるという点です。逆にいうと、世界中に多数の海外拠点を有し、複数の価値観が乱立しているいわゆる「グローバル企業」だと「効率性向上」「有効性発揮」の効果は顕著に表れるでしょう。

ただ一概に拠点数や会社規模で単純に決まるものではないため、〔2−3−4メソッド〕を適用すべき組織とそうでない組織、適用するか否かの判断を下す効率性の「損益分岐点」を導き出すやり方については、今後の課題としてさらに深く掘り下げて考え、提言し続けたいと思っています。

おわりに

　新型コロナウイルス感染症のパンデミックは間違いなく人類の歴史に刻まれるできごとになるでしょう。本書の主題でもある企業や経済活動の国境を越えた展開は、これからいつか、新型コロナウイルス感染症の流行が終息していった後、どうなっていくのでしょうか。歴史を振り返ると、政治、経済、社会、経営とあらゆる分野で、振り子の揺り戻しのようにすっかり以前の状態まで戻って、収まってしまうのではなく、一段高い地点へ引き上げられ、ちょうど螺旋の先端の動きを三次元で見ると、一周するたびに螺旋の先端の高さが上方へとせり上がっていくように、少しずつ進歩していく動きが繰り返されてきました。そういう大きな流れはきっとこれまでの歴史上のできごとと同様に、本書で取り上げた海外拠点のリスク対策についても、あてはまるのではないかと思います。もしそうならば、一段階進歩した海外拠点におけるリスク対策とは、いったいどのような姿になっていきそうなのでしょうか。

　本書はもしかするとその１つの答えを示しているかもしれません。私が本書で述べてきた〔２－３－４メソッド〕とは、一言で要約すると、コンプライアンス体制やBCPの策定プロセスを、２つのEff、より有効で（Effective）より効率的（Efficient）に実現するために、３段階のモジュール構成に分割し、役割の分業化、そして４ステップのダイナミクス化を提案する、というものです。これをさらに進めると、〔２－３－４メソッド〕のコンセプトはもしかすると、本書で取り上げたコンプライアンスやBCPの事例に限らず、それ以外の管理・運用・経営活動を行う場合においても、第４部で述べたような共通点と相違点の混在する多様な組織体であれば、拡大適用が可能であり、有効性・効率性の向上が見込めるのではない

か、という仮説が成り立つのではないか、と期待しています。しかし、結論に至るまでには、まだいろいろな考察と検証が必要で、それらは次の機会に譲りたいと思っています。

　本書で紹介するメソッドが手がかりとなって、海外拠点をもつ日本企業の人たち、日本企業の海外拠点で働く人たちが、なかなか将来や先行きの見通せない不安の中で、少しでも一段階の進歩をめざすための道標や方向性を見出していただくことができれば、光栄の至りです。

　最後に本書出版にあたっては、株式会社民事法研究会の田口信義氏、松下寿美子氏、南伸太郎氏に多大なお力添えをいただきました。この場を借りて厚く御礼申し上げます。

◎事項索引◎

218

◎参考文献◎

〔第 1 部〕
- ●深津嘉成「最近の企業危機事例に学ぶ」TRC EYE 第26号（2003）
- ●中澤可武「海外拠点におけるリスク管理の実践」企業リスク第52号（2016）
- ●デロイトトーマツ企業リスク研究所「企業のリスク・クライシスマネジメント実態調査2016年版」（2017）

〔第 2 部〕
- ●渡邊隆彦ほか「米国 FCPA 及び英国 Bribery Act の域外適用と企業のコンプライアンス・プログラムの法的意義」専修ビジネスレビュー第10号（2015）
- ●日本貿易振興機構（ジェトロ）欧州ロシア CIS 課ジェトロ・ブリュッセル事務所「『EU 一般データ保護規則（GDPR）』に関わる実務ハンドブック（入門編）」（2016）
- ●日本貿易振興機構（ジェトロ）欧州ロシア CIS 課ジェトロ・ブリュッセル事務所「『EU 一般データ保護規則（GDPR）』に関わる実務ハンドブック（実践編）」（2017）
- ●経済産業省「新興国等における競争当局の執行状況に関する調査報告書」（2017）
- ●石井夏生利『個人情報保護法の現在と未来〔新版〕』（勁草書房・2017）
- ●渥美・坂井法律事務所「諸外国の個人情報保護制度に係る最新の動向に関する調査研究報告書」（2018）
- ●日本能率協会総合研究所「コンプライアンスの取り組みに関するアンケート」調査結果（2018）
- ●星正彦「法律が国境を飛び越える」経済のプリズム第165号（2018）
- ●ベーカー＆マッケンジー法律事務所ニューズレター「アジア諸国における最新の贈収賄法制及び摘発事例」Asia Focus Newsletter 第 3 号（2019）

221

〔第3部〕
● 経済産業省「事業継続計画策定ガイドライン」企業における情報セキュリティガバナンスのあり方に関する研究会報告書参考資料（2005）
● 損保ジャパン・リスクマネジメント「事業継続マネジメント（BCM）の理論と実践」（2008）
● 事業継続推進機構「中小企業 BCP ステップアップガイド4.0版」（2008）
● 青地忠浩「事業継続マネジメント（BCM）の構築・運用と人事部門の役割」TRC EYE 第242号（2009）
● 中小企業庁「中小企業 BCP 策定運用指針を用いた新型インフルエンザ対策のための中小企業 BCP（事業継続計画）策定指針」（2009）
● 日刊工業新聞「失敗しない事業継続管理（BCM）（2）形式的な BCP からの脱却」（2011）
● 中小企業庁「中小企業 BCP 策定運用指針〔第2版〕」（2012）
● 東京商工会議所「東京商工会議所版 BCP 策定ガイド」（2013）
● 内閣府防災担当「事業継続ガイドライン〔第3版〕」（2013）
● 内閣府防災担当「事業継続ガイドライン〔第3版〕解説書」（2014）
● KPMG コンサルティン「グローバル BCP の展開について」（2014）
● 宮原潤「BCP の見直しにおけるポイント」情報センサー第101号（2015）
● 日本内部監査協会「リスク評価手法の内部監査での25の活用事例」CIA フォーラム No.a 3 ERM 研究会（第9期）（2016）
● 指田朝久「残念な BCP とこれからの BCP」日本システム監査人協会第230回月例会資料（2018）
● KPMG コンサルティング「グローバル BCP 構築支援」（2019）
● 内閣府「令和元年版防災白書」（2019）
● トヨクモ「【策定から周知まで】事業のグローバル化における BCP の考え方」（2020）
● 東京海上日動リスクコンサルティング「コロナ禍における企業の水害対策」リスクマネジメント最前線第13号（2020）
● 高荷智也「地震 BCP では対応できないパンデミック BCP のポイント」（2020）
● トヨクモ「海外進出先が災害に見舞われても冷静に　海外リスクに対応した BCP のあり方」（2020）

●危機管理対策機構＝危機管理教育＆演習センター「経営者のための事業継続計画（BCP）ガイド」

●キヤノンシステムアンドサポート「BCM/BCP（事業継続管理／事業継続計画）」

著者紹介

白石　斉（しらいし・ひとし）

公認内部監査人（CIA：Certified Internal Auditor）・社会保険労務士
世界中に40か国、300を超える拠点を保有するグローバル企業で40年
間勤続。人事・労務の業務に28年間携わり、2009年以降は日本以外に
30か国の労働・安全衛生・個人情報保護等の各種現地法令の遵守状況、
防災を含む各種リスク対策を広く監査し、その指導・改善のための助
言を行う。

日本企業の海外拠点における
リスク対策の革新と実践

令和4年1月20日　第1刷発行

定価　本体2,500円＋税

著　　者　　白石　斉
発　　行　　株式会社　民事法研究会
印　　刷　　株式会社　太平印刷社

発行所　株式会社　民事法研究会
〒150-0013　東京都渋谷区恵比寿 3-7-16
〔営業〕　TEL 03(5798)7257　FAX 03(5798)7258
〔編集〕　TEL 03(5798)7277　FAX 03(5798)7278
http://www.minjiho.com/　info@minjiho.com

落丁・乱丁はおとりかえします。　ISBN978-4-86556-472-3　C2034　¥2500E
カバーデザイン：関野美香